오늘도
말씀이
필요해

365 그림 일력

『하나님의 약속 900』
X
콰이어트툰

콰이어트툰

그림쟁이. 착하고 충성된 종(마 25:21)으로 살아가다 천국에 가는 것을 꿈꿉니다. 두란노 『새벽나라』, 큐티엠 『어린이 큐티인』의 일러스트 작업을 하고 있고, 갓피플 만화와 인스타그램에 〈콰이어트툰〉 그림묵상을 그리고 있습니다. 첫 책으로 『도란도란 우리 가족 말씀 암송』(생명의말씀사)을 출간했습니다.

오늘도 말씀이 필요해 365 그림 일력

ⓒ 생명의말씀사 2025

2025년 11월 26일 1판 1쇄 발행

펴낸이 | 김창영
펴낸곳 | 생명의말씀사

등록 | 1962. 1. 10. No.300-1962-1
주소 | 서울시 종로구 경희궁1길 6 (03176)
전화 | 02)738-6555(본사) · 02)3159-7979(영업)
팩스 | 02)739-3824(본사) · 080-022-8585(영업)

그림 | 콰이어트툰(홍기두)

기획편집 | 김자윤
디자인 | 최종혜
인쇄 | 영진문원
제본 | 썬라인

ISBN 978-89-04-17224-5 (00230)

저작권자의 허락없이 이 책의 일부 또는 전체를
무단 복제, 전재, 발췌하면 저작권법에 의해 처벌을 받습니다.

『오늘도 말씀이 필요해』를 이렇게 사용하세요.

STEP 1   준비하기
○ 매달 새로운 주제가 제시됩니다.
○ 캘린더를 책상이나 눈에 띄는 장소에 놓아두세요.

STEP 2   그날의 말씀 받기
○ 매일의 날짜에 맞는 페이지를 읽으세요.
○ 하나님의 약속을 있는 그대로 받아들이세요.
○ 정결한 마음과 열린 태도로 말씀에 귀 기울이세요.

STEP 3   실천과 기도
○ 말씀에 순종하기 위한 행동이 무엇인지 생각해 보세요.
○ 말씀이 요구하는 행동을 기꺼이 실천하세요.
○ 각자의 상황과 속도에 맞춰 믿음으로 나아가세요.

DEC 12 31

여호와의 말씀이니라 너희를 향한
나의 생각을 내가 아나니 평안이요 재앙이 아니니라
너희에게 미래와 희망을 주는 것이니라

렘 29:11

CONTENTS

01 JAN   보호와 인도

02 FEB   기도와 간구

03 MAR   지혜와 경외

04 APR   순종과 헌신

05 MAY   가정과 사랑

06 JUN   신뢰와 평안

07 JUL   믿음과 훈련

08 AUG   약속과 능력

09 SEP   구원과 은혜

10 OCT   성화와 존귀

11 NOV   승리와 영광

12 DEC   소망과 기쁨

소망이 우리를 부끄럽게 하지 아니함은 우리에게 주신 성령으로
말미암아 하나님의 사랑이 우리 마음에 부은 바 됨이니

롬 5:5

오직 여호와를 앙망하는 자는 새 힘을 얻으리니

사 40:31

또 무엇을 하든지 말에나 일에나
다 주 예수의 이름으로 하고
그를 힘입어 하나님 아버지께 감사하라

골 3:17

DEC
12 29

JAN
01 02

주는 나의 은신처이오니 환난에서 나를 보호하시고
구원의 노래로 나를 두르시리이다
시 32:7

너희는 마음에 근심하지 말라
하나님을 믿으니 또 나를 믿으라

요 14:1

JAN 01 03

그는 넘어지나 아주 엎드러지지 아니함은
여호와께서 그의 손으로 붙드심이로다
시 37:24

주를 향하여 이 소망을 가진 자마다
그의 깨끗하심과 같이 자기를 깨끗하게 하느니라

요일 3:3

DEC
12 27

JAN
01 04

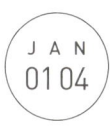

주는 미쁘사 너희를 굳건하게 하시고
악한 자에게서 지키시리라

살후 3:3

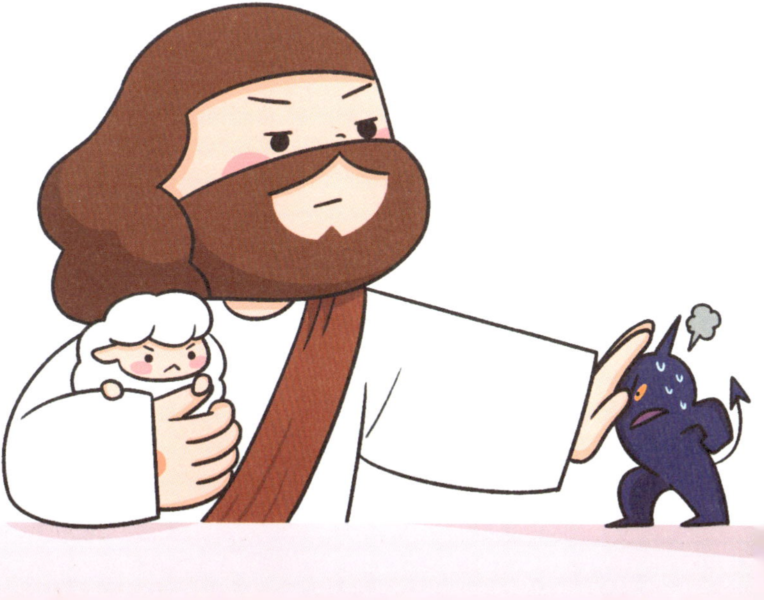

| DEC |
| 12 26 |

이 비밀은 너희 안에 계신 그리스도시니
곧 영광의 소망이니라

골 1:27

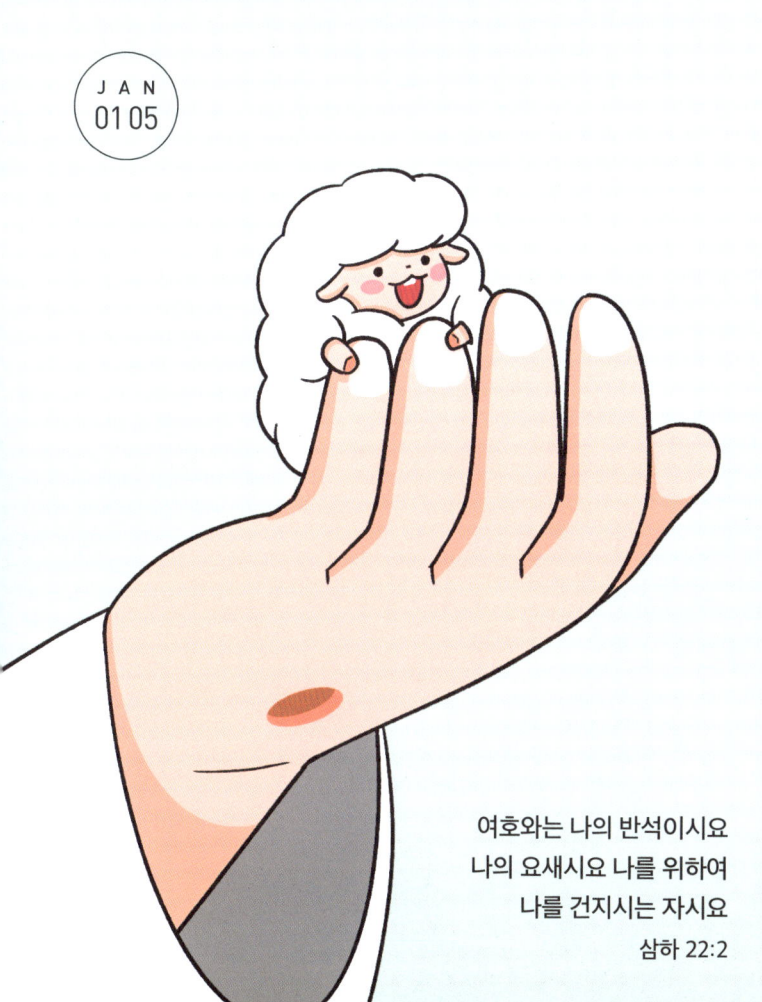

| DEC |
| 12 25 |

천사가 이르되 무서워하지 말라
보라 내가 온 백성에게 미칠 큰 기쁨의
좋은 소식을 너희에게 전하노라

눅 2:10

JAN 01 06

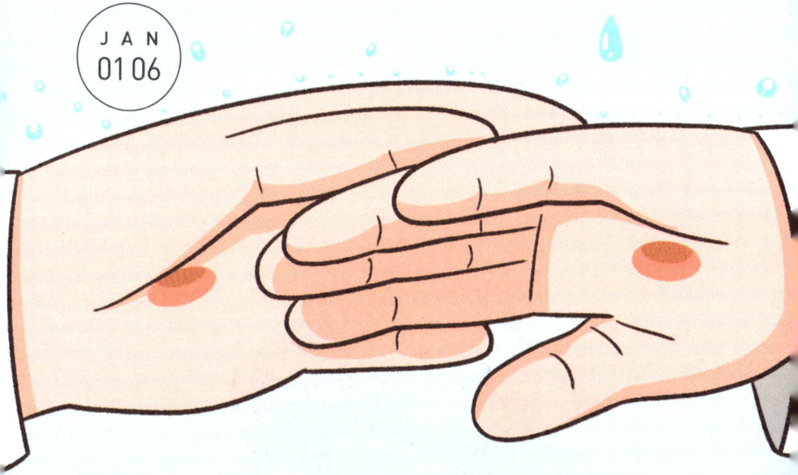

그가 너를 그의 깃으로 덮으시리니 네가 그의 날개 아래에 피하리로다
그의 진실함은 방패와 손방패가 되시나니

시 91:4

주 여호와여 주는 나의 소망이시요
내가 어릴 때부터 신뢰한 이시라

시 71:5

DEC 12 24

JAN 01 07

네가 말하기를 여호와는 나의 피난처시라 하고
지존자를 너의 거처로 삼았으므로

시 91:9

DEC
12 23

내 이름으로 일컫는 내 백성이 그들의 악한 길에서 떠나
스스로 낮추고 기도하여 내 얼굴을 찾으면
내가 하늘에서 듣고

대하 7:14

JAN 01 08

이스라엘을 지키시는 이는 졸지도 아니하시고
주무시지도 아니하시리로다
여호와는 너를 지키시는 이시라
시 121:4-5

| DEC |
| 12 22 |

그러나 우리의 시민권은 하늘에 있는지라

거기로부터 구원하는 자 곧

주 예수 그리스도를 기다리노니

빌 3:20

JAN
01 09

내 평생에 선하심과 인자하심이 반드시 나를 따르리니
내가 여호와의 집에 영원히 살리로다
시 23:6

DEC 12 21

만일 땅에 있는 우리의 장막 집이 무너지면
하나님께서 지으신 집 곧 손으로 지은 것이 아니요
하늘에 있는 영원한 집이 우리에게 있는 줄 아느니라

고후 5:1

주의 법을 사랑하는 자에게는
큰 평안이 있으니 그들에게 장애물이 없으리이다

시 119:165

가서 너희를 위하여 거처를 예비하면
내가 다시 와서 너희를 내게로 영접하여
나 있는 곳에 너희도 있게 하리라
요 14:3

JAN
01 11

그리하면 모든 지각에 뛰어난 하나님의 평강이
그리스도 예수 안에서 너희 마음과 생각을 지키시리라
빌 4:7

DEC
12 19

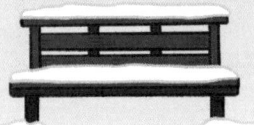

너는 여호와를 기다릴지어다
강하고 담대하며 여호와를 기다릴지어다
시 27:14

DEC
12 18

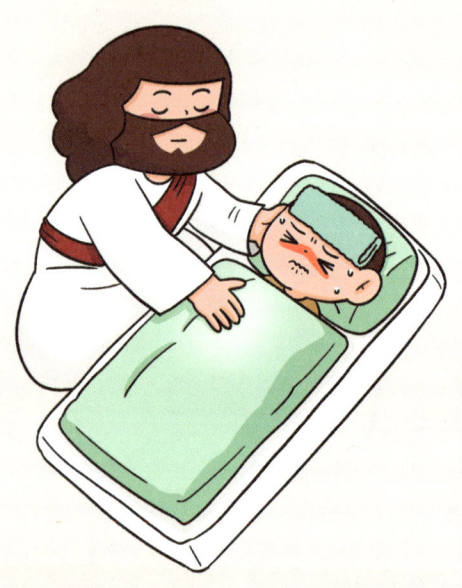

사람의 심령은 그의 병을 능히 이기려니와
심령이 상하면 그것을 누가 일으키겠느냐

잠 18:14

DEC 12 17

하나님 우리 아버지께서 너희 마음을 위로하시고
모든 선한 일과 말에 굳건하게 하시기를 원하노라

살후 2:16-17

JAN 01 14

이는 나 여호와 너의 하나님이 네 오른손을 붙들고
네게 이르기를 두려워하지 말라
내가 너를 도우리라 할 것임이니라

사 41:13

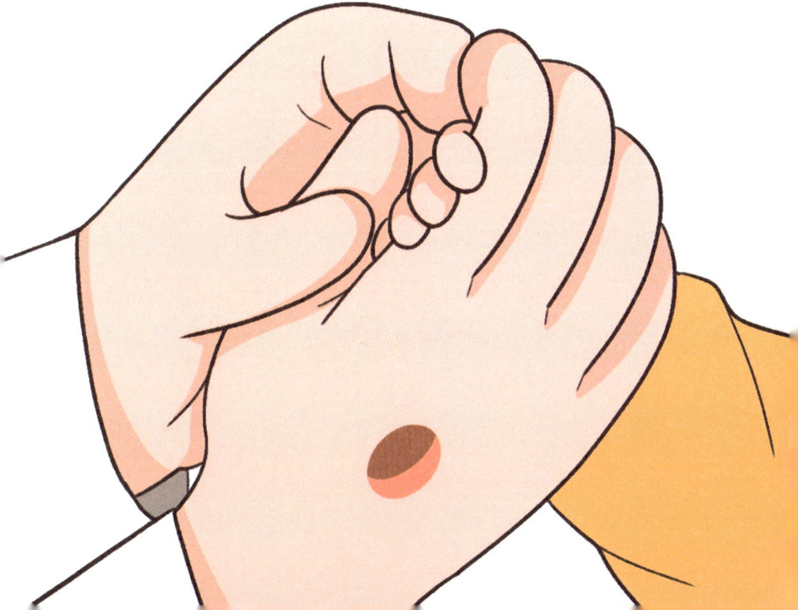

| DEC |
| 12 16 |

그들이 의의 나무 곧 여호와께서 심으신 그 영광을 나타낼 자라
일컬음을 받게 하려 하심이라

사 61:3

JAN
01 15

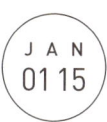

여호와의 이름은 견고한 망대라
의인은 그리로 달려가서 안전함을 얻느니라
잠 18:10

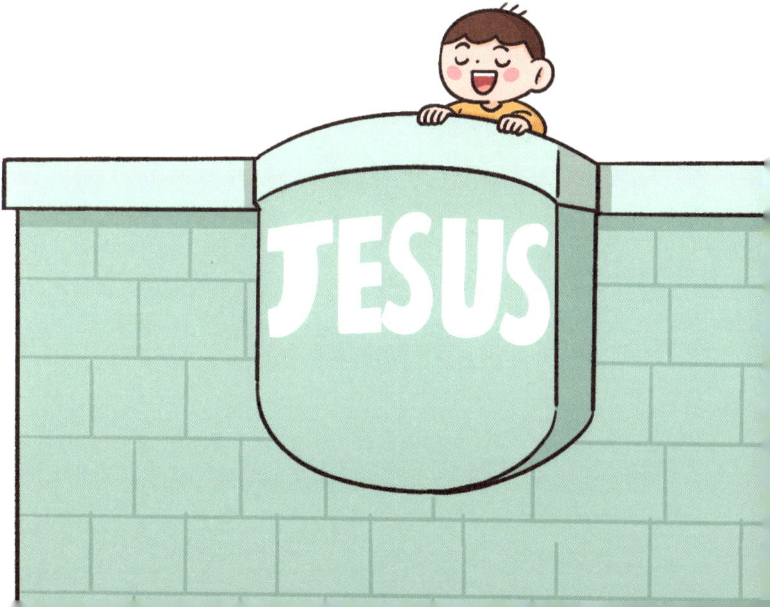

그러나 주께 피하는 모든 사람은 다 기뻐하며
주의 보호로 말미암아 영원히 기뻐 외치고
시 5:11

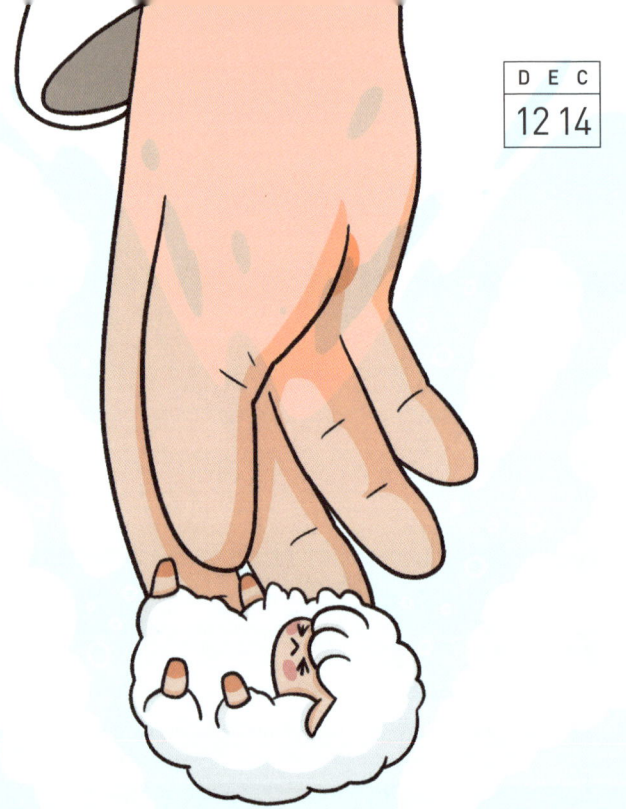

DEC 12 14

의인은 고난이 많으나
여호와께서 그의 모든 고난에서 건지시는도다

시 34:19

예수께서 여자에게 이르시되 네 믿음이 너를 구원하였으니
평안히 가라 하시니라

눅 7:50

네가 희망이 있으므로 안전할 것이며
두루 살펴보고 평안히 쉬리라

욥 11:18

DEC
12 13

JAN 01 18

너희가 일찍이 일어나고 늦게 누우며
수고의 떡을 먹음이 헛되도다 그러므로 여호와께서
그의 사랑하시는 자에게는 잠을 주시는도다

시 127:2

DEC
12 12

곧 네 환난을 잊을 것이라
네가 기억할지라도 물이 흘러감 같을 것이며
욥 11:16

DEC
12 11

지금은 너희가 근심하나
내가 다시 너희를 보리니 너희 마음이 기쁠 것이요
너희 기쁨을 빼앗을 자가 없으리라
요 16:22

DEC

12 10

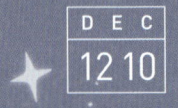

그가 별들의 수효를 세시고
그것들을 다 이름대로 부르시는도다

시 147:4

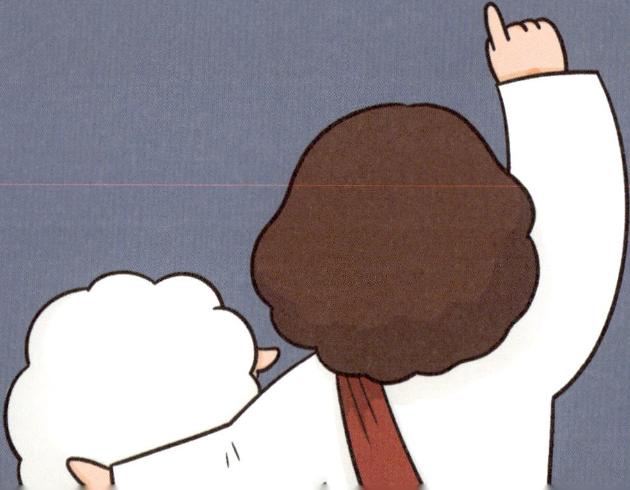

JAN
01 21

내가 네 갈 길을 가르쳐 보이고
너를 주목하여 훈계하리로다
시 32:8

눈물을 흘리며 씨를 뿌리는 자는
기쁨으로 거두리로다

시 126:5

DEC
12 09

여호와께서 사람의 걸음을 정하시고
그의 길을 기뻐하시나니

시 37:23

DEC
12 08

의인은 기뻐하여 하나님 앞에서 뛰놀며
기뻐하고 즐거워할지어다

시 68:3

주의 말씀은 내 발에 등이요 내 길에 빛이니이다
시 119:105

DEC
12 07

주께서 생명의 길을 내게 보이시리니
주의 앞에는 충만한 기쁨이 있고
주의 오른쪽에는 영원한 즐거움이 있나이다
시 16:11

사람이 마음으로 자기의 길을 계획할지라도
그의 걸음을 인도하시는 이는 여호와시니라
잠 16:9

| DEC |
| 12 06 |

이 말씀은 나의 고난 중의 위로라
주의 말씀이 나를 살리셨기 때문이니이다

시 119:50

너희가 오른쪽으로 치우치든지
왼쪽으로 치우치든지
네 뒤에서 말소리가 네 귀에 들려
이르기를 이것이 바른 길이니
너희는 이리로 가라 할 것이며

사 30:21

| DEC |
| 12 05 |

이 백성은 내가 나를 위하여 지었나니
나를 찬송하게 하려 함이니라

사 43:21

JAN 01 26

평안을 너희에게 끼치노니 곧 나의 평안을 너희에게 주노라
내가 너희에게 주는 것은 세상이 주는 것과 같지 아니하니라
요 14:27

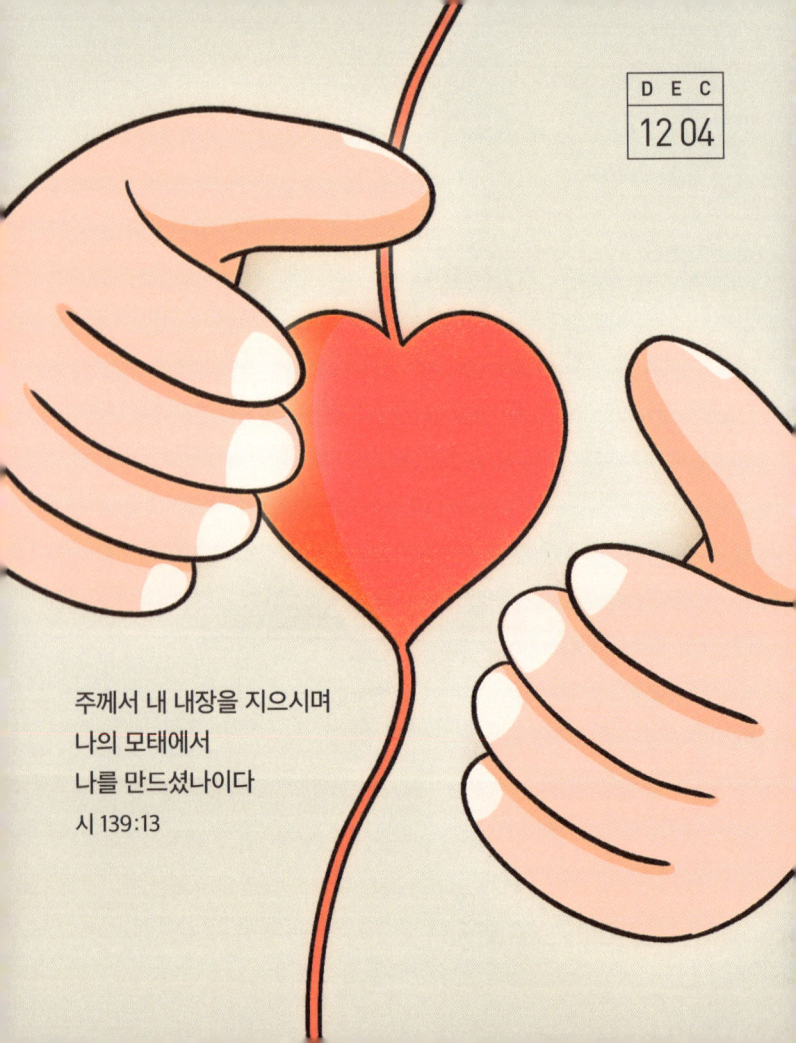

DEC
12 03

네 길을 여호와께 맡기라 그를 의지하면 그가 이루시고

시 37:5

여호와께서는 자기 백성을 버리지 아니하시며
자기의 소유를 외면하지 아니하시리로다

시 94:14

볼지어다 내가 문 밖에 서서 두드리노니
누구든지 내 음성을 듣고 문을 열면 내가 그에게로 들어가
그와 더불어 먹고 그는 나와 더불어 먹으리라

계 3:20

DEC
12 01

오직 우리 주 곧 구주 예수 그리스도의 은혜와
그를 아는 지식에서 자라 가라 영광이 이제와
영원한 날까지 그에게 있을지어다

벧후 3:18

여호와가 너를 항상 인도하여 메마른 곳에서도
네 영혼을 만족하게 하며 네 뼈를 견고하게 하리니
너는 물 댄 동산 같겠고

사 58:11

주께서 나를 모든 악한 일에서 건져내시고 또 그의 천국에 들어가도록
구원하시리니 그에게 영광이 세세무궁토록 있을지어다 아멘

딤후 4:18

JAN
01 31

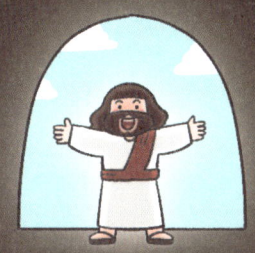

믿음이 없이는 하나님을 기쁘시게 하지 못하나니
하나님께 나아가는 자는 반드시 그가 계신 것과 또한
그가 자기를 찾는 자들에게 상 주시는 이심을 믿어야 할지니라

히 11:6

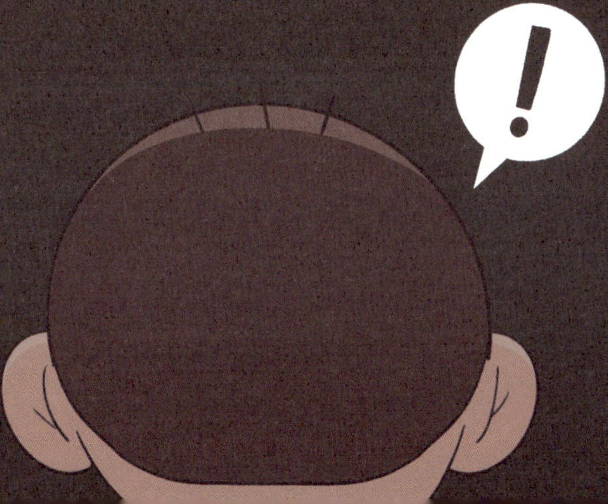

| NOV |
| 11 29 |

이제 후로는 나를 위하여
의의 면류관이 예비되었으므로
주 곧 의로우신 재판장이
그 날에 내게 주실 것이며

딤후 4:8

여호와와 그의 능력을 구할지어다
항상 그의 얼굴을 찾을지어다
대상 16:11

잘하였도다 착하고 충성된 종아
네가 적은 일에 충성하였으매 내가 많은 것을 네게 맡기리니
네 주인의 즐거움에 참여할지어다 하고

마 25:21

그들이 부르기 전에 내가 응답하겠고
그들이 말을 마치기 전에 내가 들을 것이며

사 65:24

N O V
11 27

그 때에 의인들은 자기 아버지 나라에서 해와 같이 빛나리라
귀 있는 자는 들으라

마 13:43

FEB
02 03

그의 마음의 소원을 들어 주셨으며
그의 입술의 요구를 거절하지 아니하셨나이다
시 21:2

| NOV |
| 11 26 |

그런즉 깨어 있으라
너희는 그 날과 그 때를 알지 못하느니라
마 25:13

FEB
02 04

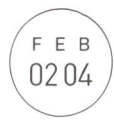

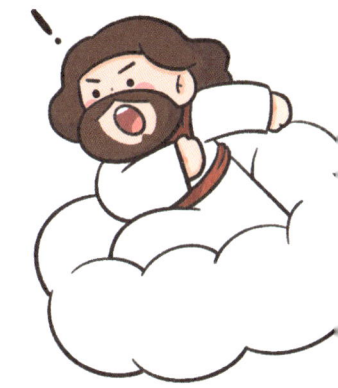

의인이 부르짖으매 여호와께서 들으시고
그들의 모든 환난에서 건지셨도다

시 34:17

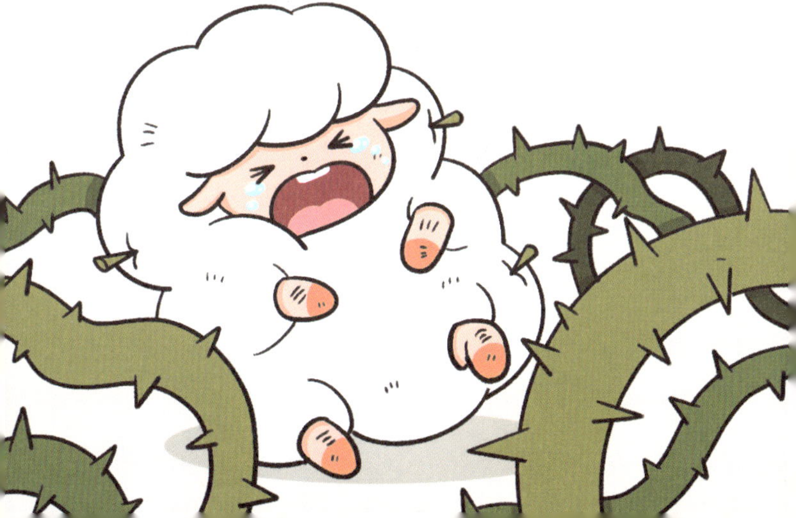

NOV
11 25

그 때에 땅의 모든 족속들이 통곡하며 그들이 인자가
구름을 타고 능력과 큰 영광으로 오는 것을 보리라

마 24:30

또 여호와를 기뻐하라
그가 네 마음의 소원을 네게 이루어 주시리로다
시 37:4

NOV
11 24

번개가 동편에서 나서 서편까지 번쩍임 같이
인자의 임함도 그러하리라

마 24:27

환난 날에 나를 부르라 내가 너를 건지리니
네가 나를 영화롭게 하리로다
시 50:15

FEB
02 07

나는 하나님께 부르짖으리니
여호와께서 나를 구원하시리로다
시 55:16

| NOV |
| 11 22 |

그가 시험을 받아 고난을 당하셨은즉
시험 받는 자들을 능히 도우실 수 있느니라

히 2:18

FEB
0208

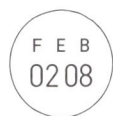

저녁과 아침과 정오에
내가 근심하여 탄식하리니
주께서 내 소리를 들으시리로다
시 55:17

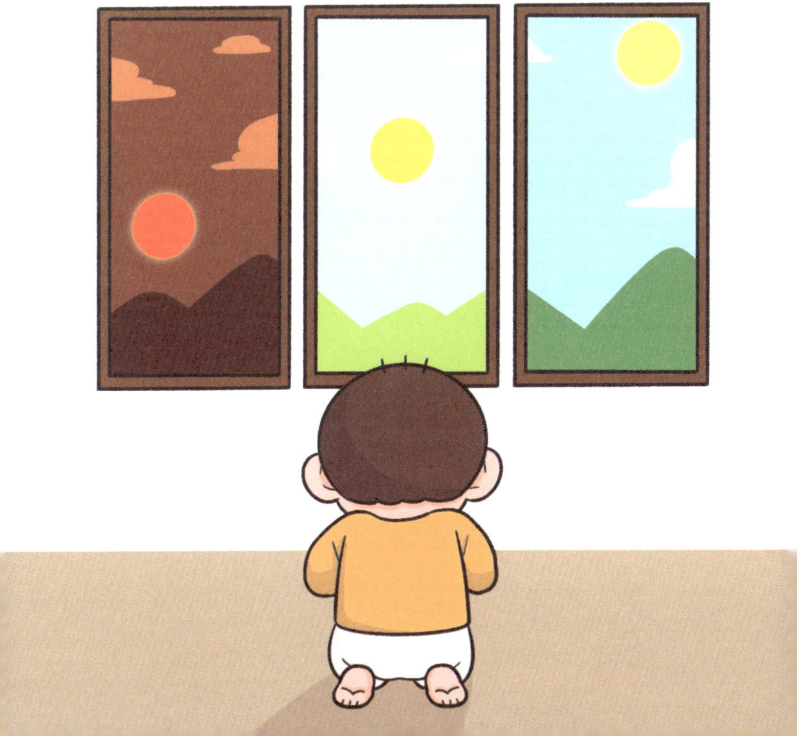

우리가 하나님을 의지하고 용감하게 행하리니
그는 우리의 대적을 밟으실 이심이로다

시 60:12

NOV
11 21

그가 내게 간구하리니 내가 그에게 응답하리라
그들이 환난 당할 때에 내가 그와 함께 하여
그를 건지고 영화롭게 하리라
시 91:15

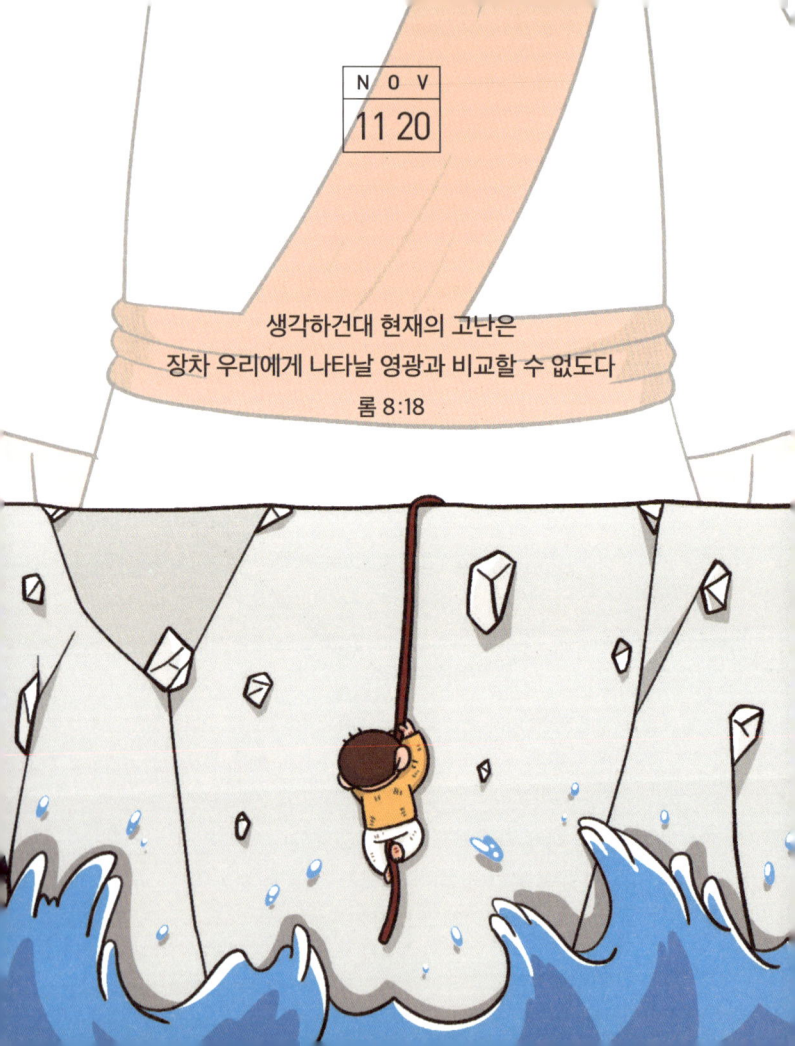

FEB
02 10

너는 내게 부르짖으라 내가 네게 응답하겠고
네가 알지 못하는 크고 은밀한 일을 네게 보이리라

렘 33:3

| NOV |
| 11 19 |

주는 미쁘사 너희를 굳건하게 하시고
악한 자에게서 지키시리라

살후 3:3

FEB
02 11

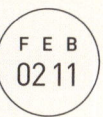

내 이름으로 일컫는 내 백성이
그들의 악한 길에서 떠나 스스로 낮추고 기도하여
내 얼굴을 찾으면 내가 하늘에서 듣고

대하 7:14

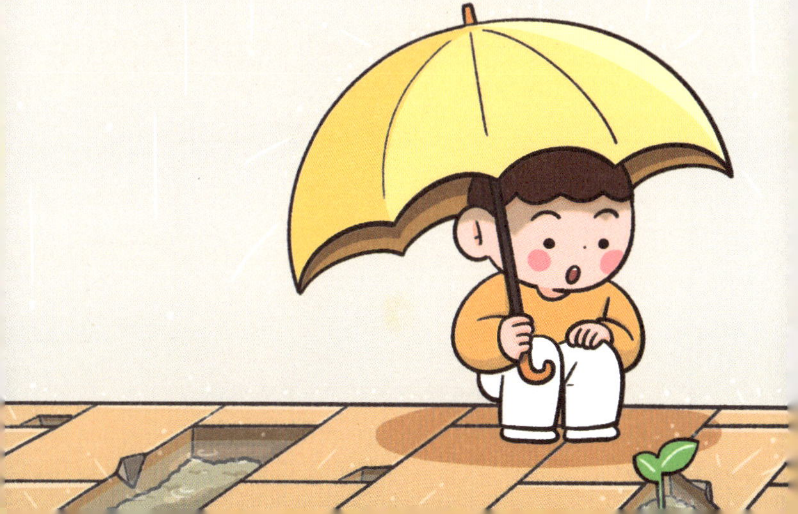

NOV
11 18

주께서 너희를 우리 주 예수 그리스도의 날에
책망할 것이 없는 자로 끝까지 견고하게 하시리라
고전 1:8

FEB
02 12

우리가 무엇이든지 구하는 바를
들으시는 줄을 안즉 우리가 그에게 구한
그것을 얻은 줄을 또한 아느니라

요일 5:15

또 기도할 때에 이방인과 같이 중언부언하지 말라
그들은 말을 많이 하여야 들으실 줄 생각하느니라

마 6:7

NOV 11 16

불 시험을 이상한 일 당하는 것 같이 이상히 여기지 말고 오히려 너희가 그리스도의 고난에 참여하는 것으로 즐거워하라

벧전 4:12-13

FEB
02 14

너는 기도할 때에 네 골방에 들어가 문을 닫고
은밀한 중에 계신 네 아버지께 기도하라
은밀한 중에 보시는 네 아버지께서 갚으시리라

마 6:6

예수께서 하나님의 아들이심을 믿는 자가 아니면
세상을 이기는 자가 누구냐

요일 5:5

구하라 그리하면 너희에게 주실 것이요
찾으라 그리하면 찾아낼 것이요 문을 두드리라
그리하면 너희에게 열릴 것이니

마 7:7

시험에 들지 않게 깨어 기도하라
마음에는 원이로되 육신이 약하도다 하시고
마 26:41

분을 내어도 죄를 짓지 말며
해가 지도록 분을 품지 말고
마귀에게 틈을 주지 말라

엡 4:26-27

너희가 기도할 때에 무엇이든지 믿고
구하는 것은 다 받으리라 하시니라

마 21:22

NOV
11 12

우리 주 예수 그리스도로 말미암아
우리에게 승리를 주시는 하나님께 감사하노니

고전 15:57

그러므로 내가 너희에게 말하노니
무엇이든지 기도하고 구하는 것은 받은 줄로 믿으라
그리하면 너희에게 그대로 되리라

막 11:24

| NOV |
| 11 11 |

평안의 복음이 준비한 것으로 신을 신고

엡 6:15

NOV
11 10

끝으로 너희가 주 안에서와
그의 힘의 능력으로 강건하여지고
엡 6:10

지금까지는 너희가 내 이름으로
아무 것도 구하지 아니하였으나
구하라 그리하면 받으리니 너희 기쁨이 충만하리라

요 16:24

| NOV |
| 11 09 |

진리의 말씀과 하나님의 능력으로
의의 무기를 좌우에 가지고

고후 6:7

너희가 내 이름으로 무엇을 구하든지
내가 행하리니 이는 아버지로 말미암아 아들에게서
영광을 받으시게 하려 함이라

요 14:13

| NOV |
| 11 08 |

밤이 깊고 낮이 가까웠으니
그러므로 우리가 어둠의 일을 벗고 빛의 갑옷을 입자
롬 13:12

예수께서 이르시되 너희는 기도할 때에 이렇게 하라
아버지여 이름이 거룩히 여김을 받으시오며
나라가 임하시오며

눅 11:2

이는 그리스도 예수 안에 있는
생명의 성령의 법이 죄와 사망의
법에서 너를 해방하였음이라

롬 8:2

자기 아들을 아끼지 아니하시고
우리 모든 사람을 위하여 내주신 이가 어찌 그 아들과 함께
모든 것을 우리에게 주시지 아니하겠느냐

롬 8:32

진리를 알지니 진리가 너희를 자유롭게 하리라
요 8:32

NOV
11 06

모든 기도와 간구를 하되
항상 성령 안에서 기도하고 이를 위하여 깨어 구하기를
항상 힘쓰며 여러 성도를 위하여 구하라
엡 6:18

NOV
11 05

주 여호와의 영이 내게 내리셨으니
이는 여호와께서 내게 기름을 부으사 가난한 자에게
아름다운 소식을 전하게 하려 하심이라

사 61:1

FEB
02 25

너희가 내 안에 거하고 내 말이 너희 안에 거하면
무엇이든지 원하는 대로 구하라 그리하면 이루리라

요 15:7

NOV
11 04

오직 너희의 심령이 새롭게 되어
하나님을 따라 의와 진리의 거룩함으로
지으심을 받은 새 사람을 입으라
엡 4:23-24

FEB 02 26

그를 향하여 우리가 가진 바 담대함이 이것이니
그의 뜻대로 무엇을 구하면 들으심이라

요일 5:14

NOV
11 03

악인은 그의 길을, 불의한 자는 그의 생각을 버리고
여호와께로 돌아오라 그리하면 그가 긍휼히 여기시리라

사 55:7

FEB
02 27

무엇이든지 구하는 바를 그에게서 받나니
이는 우리가 그의 계명을 지키고
그 앞에서 기뻐하시는 것을 행함이라
요일 3:22

NOV
11 02

그러나 이 모든 일에 우리를 사랑하시는 이로 말미암아
우리가 넉넉히 이기느니라

롬 8:37

너희가 온 마음으로 나를 구하면
나를 찾을 것이요 나를 만나리라

렘 29:13

NOV
11 01

값으로 산 것이 되었으니
그런즉 너희 몸으로 하나님께 영광을 돌리라
고전 6:20

OCT
10 31

예수께서 이르시되 나도 너를 정죄하지 아니하노니
가서 다시는 죄를 범하지 말라 하시니라

요 8:11

지혜와 권능이 하나님께 있고
계략과 명철도 그에게 속하였나니

욥 12:13

내가 너희를 세상에서 택하였기 때문에
세상이 너희를 미워하느니라

요 15:19

OCT
10 30

어리석은 자는 그의 마음에 이르기를
하나님이 없다 하는 도다 그들은 부패하고 그 행실이 가증하니
선을 행하는 자가 없도다

시 14:1

OCT
10 29

우리의 싸우는 무기는 육신에 속한 것이 아니요
오직 어떤 견고한 진도 무너뜨리는 하나님의 능력이라

고후 10:4

청년이 무엇으로 그의 행실을 깨끗하게 하리이까
주의 말씀만 지킬 따름이니이다

시 119:9

네 원수가 배고파하거든 음식을 먹이고
목말라하거든 물을 마시게 하라 …
여호와께서 네게 갚아 주시리라

잠 25:21-22

MAR
03 04

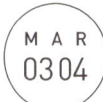

의인은 종려나무 같이 번성하며
레바논의 백향목 같이 성장하리로다
시 92:12

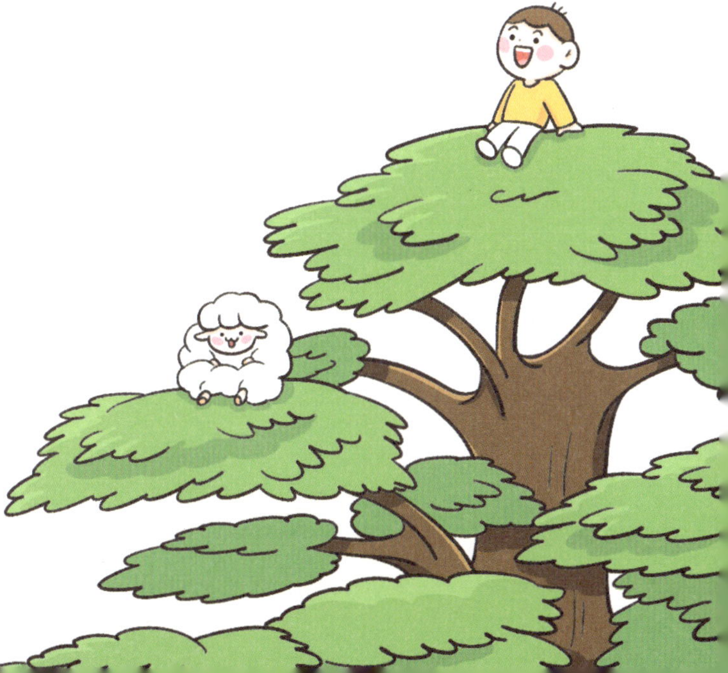

OCT
10 27

내가 너희의 모든 대적이 능히 대항하거나
변박할 수 없는 구변과 지혜를 너희에게 주리라

눅 21:15

MAR
03 05

의인의 길은
돋는 햇살 같아서 크게 빛나
한낮의 광명에 이르거니와

잠 4:18

OCT
10 26

선한 말은 꿀송이 같아서
마음에 달고 뼈에 양약이 되느니라
잠 16:24

지혜가 너를 선한 자의 길로 행하게 하며
또 의인의 길을 지키게 하리니

잠 2:20

사람은 그 입의 대답으로 말미암아 기쁨을 얻으나

때에 맞는 말이 얼마나 아름다운고

잠 15:23

여호와를 경외하는 것이 지혜의 근본이요
거룩하신 자를 아는 것이 명철이니라

잠 9:10

MAR
03 07

여호와의 눈은 어디서든지
악인과 선인을 감찰하시느니라

잠 15:3

OCT
10 24

하나님의 말씀은 다 순전하며
하나님은 그를 의지하는 자의 방패시니라

잠 30:5

OCT
10 23

진실한 입술은 영원히 보존되거니와
거짓 혀는 잠시 동안만 있을 뿐이니라
잠 12:19

그 때에 어떤 사람이 너희에게 말하되
보라 그리스도가 여기 있다 보라 저기 있다 하여도 믿지 말라

막 13:21

OCT
10 22

네 혀를 악에서 금하며
네 그 입술을 거짓말에서 금할지어다
시 34:13

예수께서 또 말씀하여 이르시되
나는 세상의 빛이니 나를 따르는 자는 어둠에 다니지 아니하고
생명의 빛을 얻으리라

요 8:12

OCT 10 21

주 예수 그리스도의 이름과
우리 하나님의 성령 안에서 씻음과 거룩함과
의롭다 하심을 받았느니라

고전 6:11

MAR 03 11

다른 이로써는 구원을 받을 수 없나니
천하 사람 중에 구원을 받을 만한 다른 이름을
우리에게 주신 일이 없음이라 하였더라
행 4:12

OCT
10 20

너희가 서로 사랑하면 이로써
모든 사람이 너희가 내 제자인 줄 알리라

요 13:35

너희가 사랑 가운데서 뿌리가 박히고 터가 굳어져서
능히 모든 성도와 함께 지식에 넘치는 그리스도의 사랑을 알아
엡 3:17-18

OCT
10 19

화평하게 하는 자는 복이 있나니
그들이 하나님의 아들이라 일컬음을 받을 것임이요
마 5:9

그 너비와 길이와 높이와 깊이가 어떠함을 깨달아
하나님의 모든 충만하신 것으로 너희에게
충만하게 하시기를 구하노라

엡 3:19

OCT 10 18

음행을 피하라 사람이 범하는 죄마다 몸 밖에 있거니와 음행하는 자는 자기 몸에 죄를 범하느니라

고전 6:18

OCT
10 17

악을 꾀하는 자에게는 속임이 있거니와
화평을 의논하는 자에게는 희락이 있느니라
잠 12:20

이는 우리가 이제부터 어린 아이가 되지 아니하여
사람의 속임수와 간사한 유혹에 빠져
온갖 교훈의 풍조에 밀려 요동하지 않게 하려 함이라
엡 4:14

MAR 03 15

오직 사랑 안에서 참된 것을 하여 범사에 그에게까지 자랄지라
그는 머리니 곧 그리스도라

엡 4:15

OCT
10 15

그러므로 누구든지 이 어린 아이와 같이
자기를 낮추는 사람이 천국에서 큰 자니라

마 18:4

MAR 03 17

너희 사랑을 지식과 모든 총명으로 점점 더 풍성하게 하사
너희로 지극히 선한 것을 분별하며

빌 1:9-10

또 너희가 내 이름으로 말미암아 모든 사람에게 미움을 받을 것이나
너희 머리털 하나도 상하지 아니하리라

눅 21:17-18

모든 무거운 것과
얽매이기 쉬운 죄를
벗어 버리고 인내로써
우리 앞에 당한 경주를 하며

히 12:1

OCT
10 13

너희는 내가 일러 준 말로 이미 깨끗하여졌으니

요 15:3

너희 중에 누구든지 지혜가 부족하거든
모든 사람에게 후히 주시고 꾸짖지 아니하시는
하나님께 구하라 그리하면 주시리라
약 1:5

교만이 오면 욕도 오거니와
겸손한 자에게는 지혜가 있느니라

잠 11:2

OCT
10 12

MAR 03 20

오직 믿음으로 구하고 조금도 의심하지 말라
의심하는 자는 마치 바람에 밀려
요동하는 바다 물결 같으니
약 1:6

여호와를 경외하는 것은
악을 미워하는 것이라 나는 교만과 거만과
악한 행실과 패역한 입을 미워하느니라

잠 8:13

주께 합당하게 행하여 범사에 기쁘시게 하고
모든 선한 일에 열매를 맺게 하시며
하나님을 아는 것에 자라나게 하시고

골 1:10

OCT
10 10

맡은 자들에게 구할 것은 충성이니라
고전 4:2

MAR
03 22

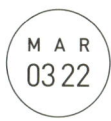

거짓 선지자들을 삼가라
양의 옷을 입고 너희에게 나아오나
속에는 노략질하는 이리라

마 7:15

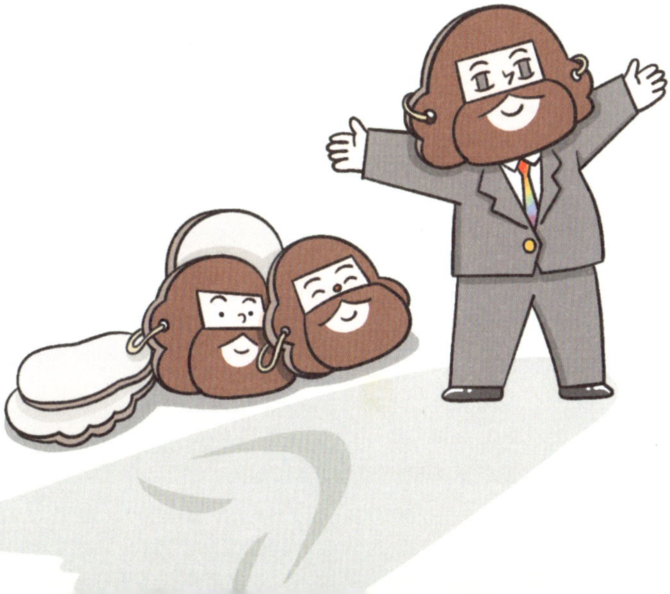

게으름이 사람으로 깊이 잠들게 하나니
해태한 사람은 주릴 것이니라

잠 19:15

MAR 03 23

그러나 너는 배우고 확신한 일에 거하라
너는 네가 누구에게서 배운 것을 알며

딤후 3:14

OCT
10 08

그 아들 예수의 피가
우리를 모든 죄에서 깨끗하게 하실 것이요
요일 1:7

MAR
03 24

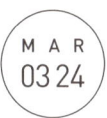

성경은 능히 너로 하여금
그리스도 예수 안에 있는 믿음으로 말미암아
구원에 이르는 지혜가 있게 하느니라

딤후 3:15

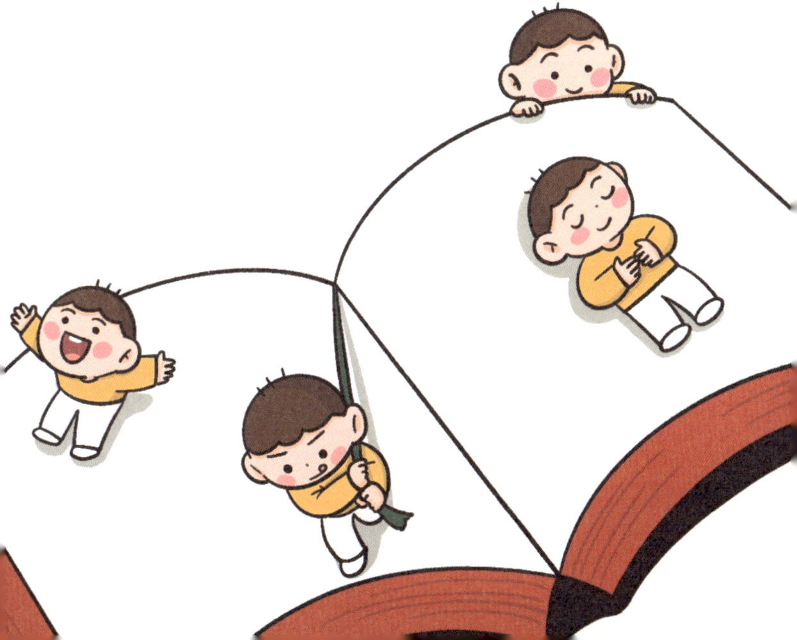

OCT
10 07

또 약속하신 이는 미쁘시니
우리가 믿는 도리의 소망을 움직이지 말며 굳게 잡고
히 10:23

거짓말하는 자가 누구냐
예수께서 그리스도이심을 부인하는 자가 아니냐
아버지와 아들을 부인하는 그가 적그리스도니
요일 2:22

OCT
10 06

악은 어떤 모양이라도 버리라

살전 5:22

갓난 아기들 같이 순전하고 신령한 젖을 사모하라
이는 그로 말미암아 너희로 구원에 이르도록 자라게 하려 함이라
벧전 2:2

겸손과 여호와를 경외함의 보상은
재물과 영광과 생명이니라

잠 22:4

그러므로 너희가 더욱 힘써 너희 믿음에 덕을,
덕에 지식을, 지식에 절제를, … 형제 우애에 사랑을 더하라
벧후 1:5-7

OCT
10 04

악을 악으로, 욕을 욕으로 갚지 말고
도리어 복을 빌라 이를 위하여
너희가 부르심을 받았으니

벧전 3:9

사랑하는 자들아 너희는 너희의 지극히
거룩한 믿음 위에 자신을 세우며 성령으로 기도하며
유 1:20

OCT
10 03

그런즉 누구든지 그리스도 안에 있으면
새로운 피조물이라 이전 것은 지나갔으니
보라 새 것이 되었도다

고후 5:17

MAR
03 29

우리에게 지각을 주사 우리로 참된 이를
알게 하신 것과 또한 우리가 참된 자 곧 그의 아들
예수 그리스도 안에 있는 것이니

요일 5:20

여호와께서 내 공의를 따라 상 주시며
내 손의 깨끗함을 따라 갚으셨으니

삼하 22:21

모든 성경은 하나님의 감동으로 된 것으로
… 이는 하나님의 사람으로 온전하게 하며
모든 선한 일을 행할 능력을 갖추게 하려 함이라
딤후 3:16-17

OCT
10 01

마음이 청결한 자는 복이 있나니
그들이 하나님을 볼 것임이요
마 5:8

MAR 03 31

그러므로 누구든지 나의 이 말을 듣고 행하는 자는
그 집을 반석 위에 지은 지혜로운 사람 같으리니

마 7:24

만일 우리가 우리 죄를 자백하면
그는 미쁘시고 의로우사 우리 죄를 사하시며
우리를 모든 불의에서 깨끗하게 하실 것이요

요일 1:9

APR
0401

세계가 다 내게 속하였나니 너희가 내 말을 잘 듣고
내 언약을 지키면 너희는 모든 민족 중에서 내 소유가 되겠고
출 19:5

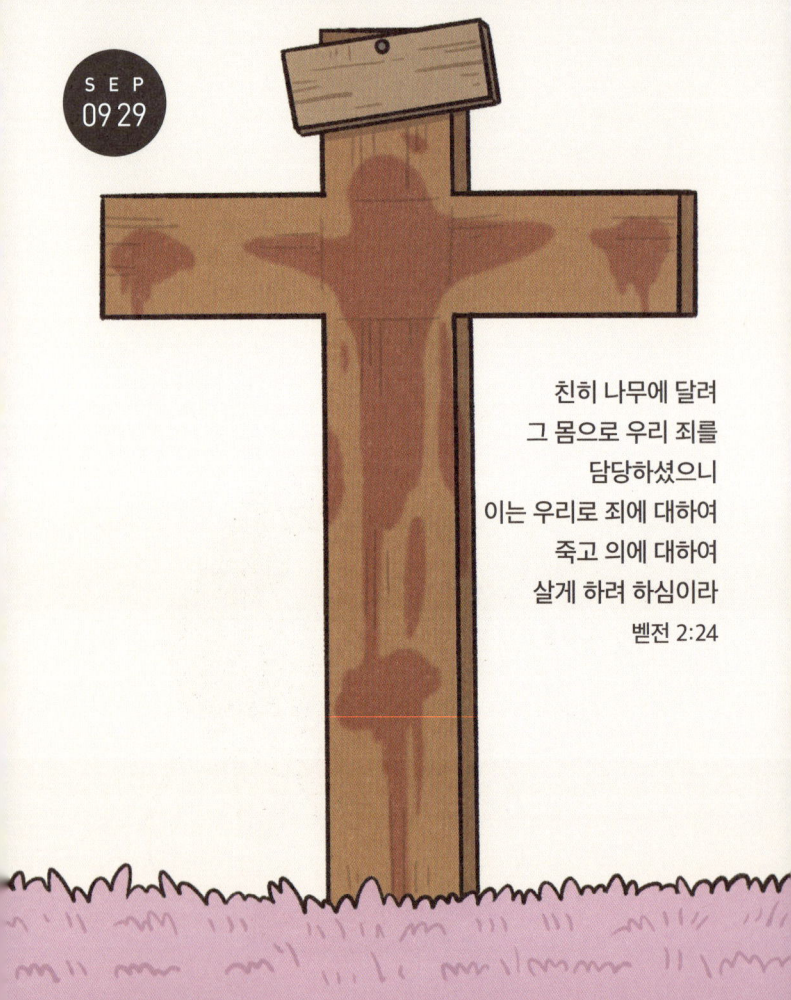

APR
04 02

그런즉 너희는 이 언약의 말씀을 지켜 행하라
그리하면 너희가 하는 모든 일이 형통하리라

신 29:9

동이 서에서 먼 것 같이
우리의 죄과를 우리에게서 멀리 옮기셨으며
시 103:12

APR
04 03

순종이 제사보다 낫고
듣는 것이 숫양의 기름보다 나으니

삼상 15:22

그가 네 모든 죄악을 사하시며 네 모든 병을 고치시며

시 103:3

APR
04 04

그 법률과 계명과 율례와 증거를 모세의 율법에
기록된 대로 지키라 그리하면 네가 무엇을 하든지
어디로 가든지 형통할지라

왕상 2:3

SEP
09 26

여호와 나의 하나님이여 주께서 행하신 기적이 많고
우리를 향하신 주의 생각도 많아
누구도 주와 견줄 수가 없나이다
시 40:5

APR
----
04 05

만일 그들이 순종하여 섬기면
형통한 날을 보내며 즐거운 해를 지낼 것이요

욥 36:11

나를 기가 막힐 웅덩이와 수렁에서 끌어올리시고
내 발을 반석 위에 두사 내 걸음을 견고하게 하셨도다
시 40:2

APR
04 06

여호와의 모든 길은 그의 언약과
증거를 지키는 자에게 인자와 진리로다
시 25:10

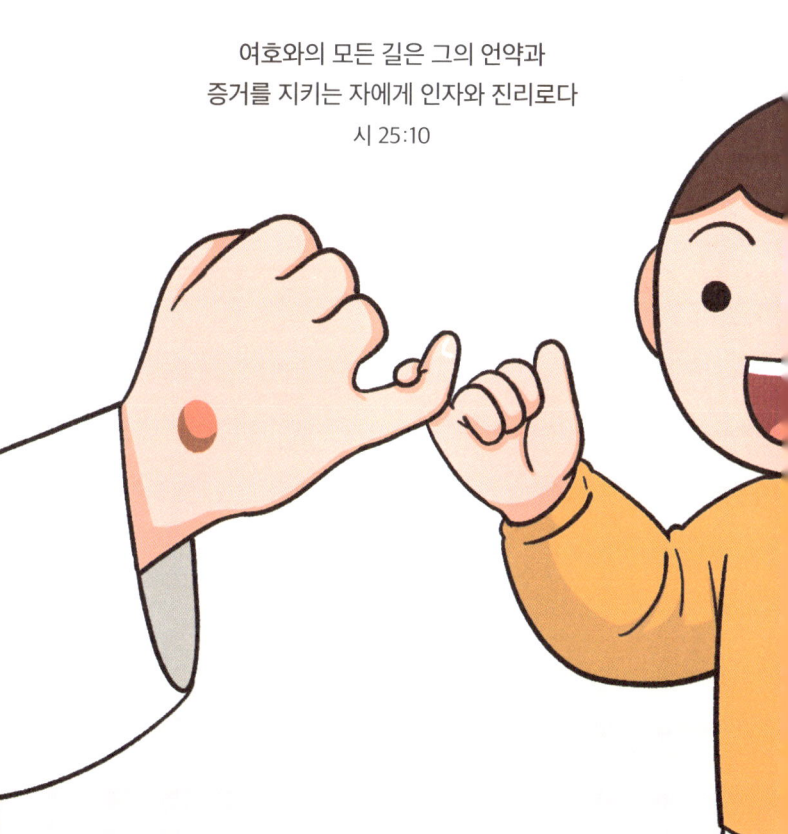

SEP
09 24

내가 여호와를 기다리고 기다렸더니
귀를 기울이사 나의 부르짖음을 들으셨도다

시 40:1

APR
04 07

아들들아 이제 내게 들으라
내 도를 지키는 자가 복이 있느니라

잠 8:32

SEP 09 23

그 후에 우리 살아 남은 자들도 그들과 함께
구름 속으로 끌어 올려 공중에서 주를 영접하게 하시리니
그리하여 우리가 항상 주와 함께 있으리라

살전 4:17

APR
----
04 08

가난한 자를 불쌍히 여기는 것은 여호와께 꾸어 드리는 것이니
그의 선행을 그에게 갚아 주시리라

잠 19:17

주 예수를 다시 살리신 이가 예수와 함께 우리도 다시 살리사
너희와 함께 그 앞에 서게 하실 줄을 아노라

고후 4:14

APR
04 09

오직 내가 이것을 그들에게 명령하여 이르기를
너희는 내 목소리를 들으라 그리하면
나는 너희 하나님이 되겠고 너희는 내 백성이 되리라

렘 7:23

이 썩을 것이 썩지 아니함을 입고
이 죽을 것이 죽지 아니함을 입을 때에는 사망을 삼키고
고전 15:54

APR
04 10

그런즉 내게로 돌아오라
그리하면 나도 너희에게로 돌아가리라 하였더니

말 3:7

SEP 09.20

누구든지 주의 이름을 부르는 자는 구원을 받으리라

롬 10:13

APR
---
04 11

이 계명 중의 지극히 작은 것 하나라도 버리고
또 그같이 사람을 가르치는 자는 천국에서
지극히 작다 일컬음을 받을 것이요
마 5:19

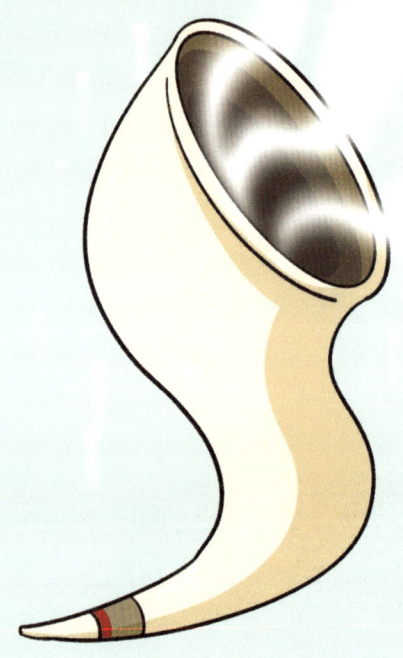

SEP 09 19

나팔 소리가 나매 죽은 자들이 썩지 아니할 것으로
다시 살아나고 우리도 변화되리라

고전 15:52

APR

04 12

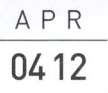

그러나 이제 그리스도께서
죽은 자 가운데서
다시 살아나사 잠자는
자들의 첫 열매가 되셨도다

고전 15:20

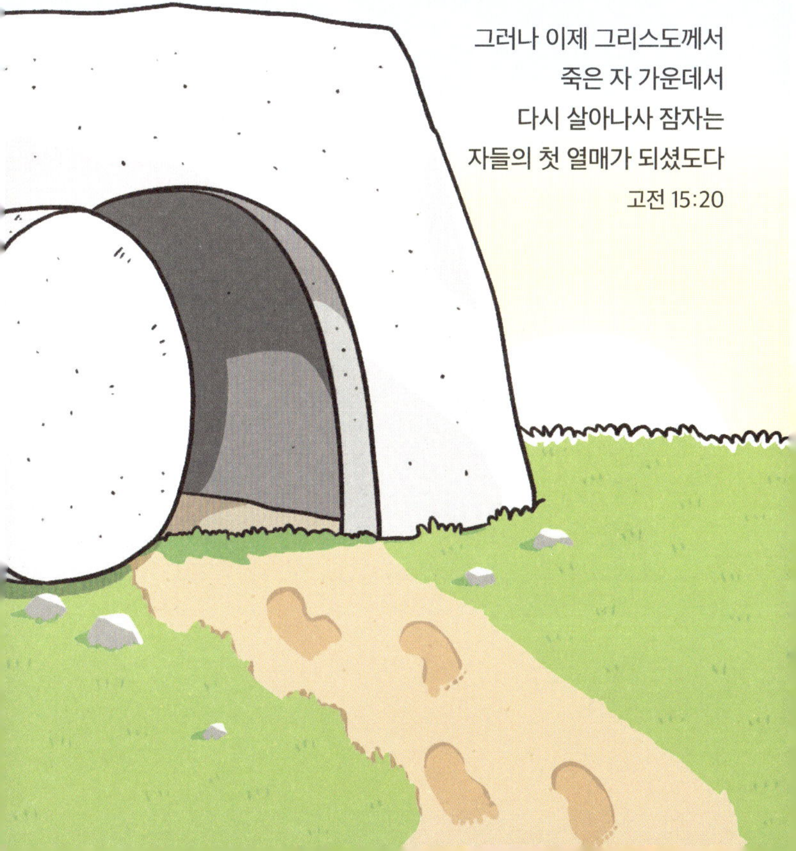

SEP
09 18

우리가 흙에 속한 자의 형상을 입은 것 같이
또한 하늘에 속한 이의 형상을 입으리라
고전 15:49

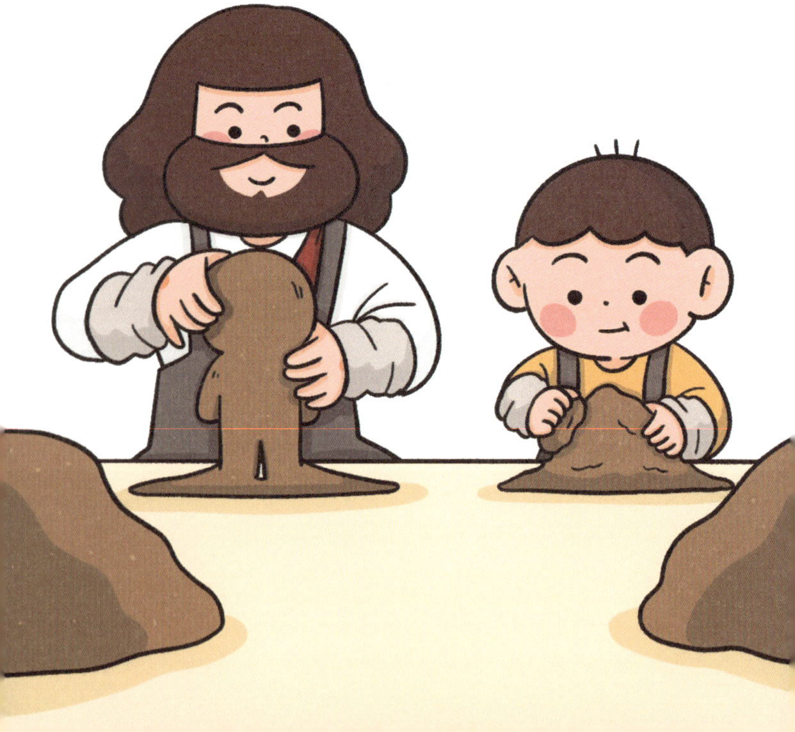

APR
04 13

예수께서 이르시되 오히려 하나님의 말씀을 듣고
지키는 자가 복이 있느니라 하시니라

눅 11:28

내게 주신 자 중에 내가 하나도 잃어버리지 아니하고
마지막 날에 다시 살리는 이것이니라

요 6:39

APR
04 14

거기에는 대로가 있어 그 길을 거룩한 길이라 일컫는 바 되리니
깨끗하지 못한 자는 지나가지 못하겠고

사 35:8

무덤 속에 있는 자가 다 그의 음성을 들을 때가 오나니
선한 일을 행한 자는 생명의 부활로,
악한 일을 행한 자는 심판의 부활로 나오리라

요 5:28-29

APR
---
04 15

내가 아버지의 계명을 지켜 그의 사랑 안에 거하는 것 같이
너희도 내 계명을 지키면 내 사랑 안에 거하리라
요 15:10

SEP
09 15

내가 문이니 누구든지
나로 말미암아 들어가면
구원을 받고 또는 들어가며
나오며 꼴을 얻으리라

요 10:9

APR
04 16

너희는 내게 배우고 받고 듣고 본 바를 행하라
그리하면 평강의 하나님이 너희와 함께 계시리라

빌 4:9

또 증거는 이것이니 하나님이 우리에게 영생을 주신 것과
이 생명이 그의 아들 안에 있는 그것이니라

요일 5:11

APR
04 17

받으신 고난으로 순종함을 배워서
온전하게 되셨은즉 자기에게 순종하는 모든 자에게
영원한 구원의 근원이 되시고

히 5:9

SEP 09 13

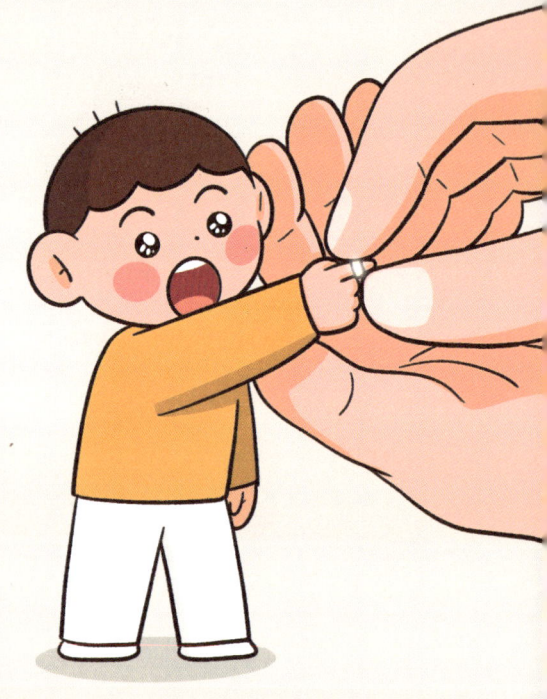

우리로 그의 은혜를 힘입어 의롭다 하심을 얻어
영생의 소망을 따라 상속자가 되게 하려 하심이라

딛 3:7

APR
04 18

그런즉 너희는 먼저 그의 나라와 그의 의를 구하라
그리하면 이 모든 것을 너희에게 더하시리라

마 6:33

자기의 육체를 위하여 심는 자는 육체로부터 썩어질 것을 거두고
성령을 위하여 심는 자는 성령으로부터 영생을 거두리라

갈 6:8

APR
04 19

여호와는 의로우사 의로운 일을 좋아하시나니
정직한 자는 그의 얼굴을 뵈오리로다
시 11:7

SEP
09 11

예수께서 이르시되 나는 부활이요 생명이니
나를 믿는 자는 죽어도 살겠고
요 11:25

APR
04 20

여호와의 산에 오를 자가 누구며 그의 거룩한 곳에 설 자가 누구인가
곧 손이 깨끗하며 마음이 청결하며 뜻을 허탄한 데에 두지 아니하며
거짓 맹세하지 아니하는 자로다

시 24:3-4

SEP
09 10

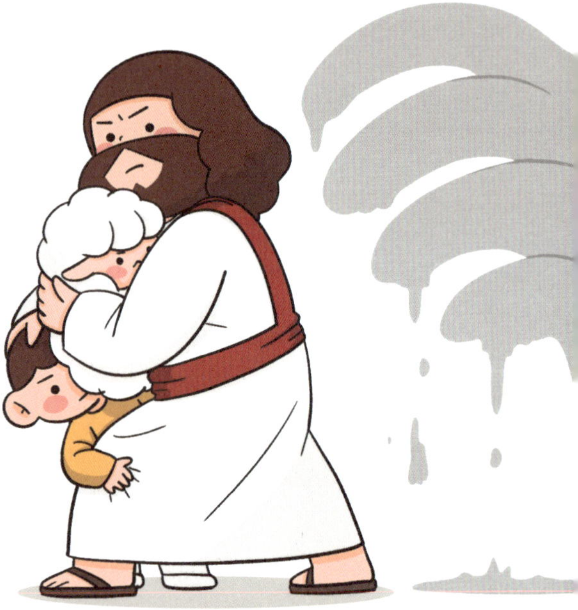

내가 그들에게 영생을 주노니 영원히 멸망하지 아니할 것이요
또 그들을 내 손에서 빼앗을 자가 없느니라

요 10:28

APR
04 21

의가 주의 앞에 앞서 가며 주의 길을 닦으리이다

시 85:13

SEP 09 09

예수께서 이르시되 나는 생명의 떡이니
내게 오는 자는 결코 주리지 아니할 터이요
나를 믿는 자는 영원히 목마르지 아니하리라
요 6:35

우리는 그리스도 안에서 그의 은혜의 풍성함을 따라
그의 피로 말미암아 속량 곧 죄 사함을 받았느니라

엡 1:7

APR
----
04 23

마음이 굽은 자는 여호와께 미움을 받아도
행위가 온전한 자는 그의 기뻐하심을 받느니라
잠 11:20

SEP
09 07

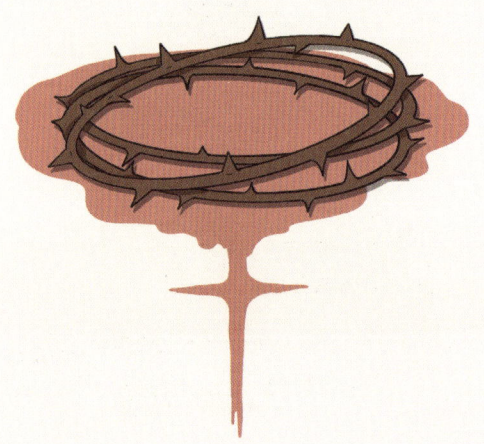

그가 찔림은 우리의 허물 때문이요
그가 상함은 우리의 죄악 때문이라
그가 징계를 받음으로 우리는 평화를 누리고
사 53:5

APR
04 24

나를 사랑하면 내 말을 지키리니
내 아버지께서 그를 사랑하실 것이요
우리가 그에게 가서
거처를 그와 함께 하리라
요 14:23

자기의 죄를 숨기는 자는 형통하지 못하나
죄를 자복하고 버리는 자는 불쌍히 여김을 받으리라
잠 28:13

APR
04 25

그러나 주께 피하는 모든 사람은 다 기뻐하며
주의 보호로 말미암아 영원히 기뻐 외치고
시 5:11

SEP 09 05

그의 십자가의 피로 화평을 이루사
만물 곧 땅에 있는 것들이나 하늘에 있는 것들이
그로 말미암아 자기와 화목하게 되기를 기뻐하심이라

골 1:20

APR
04 26

여호와여 주는 의인에게 복을 주시고
방패로함 같이 은혜로 그를 호위하시리이다

시 5:12

SEP
09 04

내가 주는 물을 마시는 자는
영원히 목마르지 아니하리니 내가 주는 물은
그 속에서 영생하도록 솟아나는 샘물이 되리라
요 4:14

APR
----
04 27

네 재물과 네 소산물의 처음 익은 열매로 여호와를 공경하라
그리하면 네 창고가 가득히 차고

잠 3:9-10

SEP 09 03

우리가 아직 죄인 되었을 때에
그리스도께서 우리를 위하여 죽으심으로
하나님께서 우리에 대한 자기의 사랑을 확증하셨느니라

롬 5:8

APR
04 28

만군의 여호와가 이르노라
너희의 온전한 십일조를 창고에 들여
나의 집에 양식이 있게 하고

말 3:10

이것은 죄 사함을 얻게 하려고
많은 사람을 위하여 흘리는 바 나의 피 곧 언약의 피니라
마 26:28

APR
04 29

너희가 즐겨 순종하면
땅의 아름다운 소산을 먹을 것이요

사 1:19

하나님이 세상을 이처럼 사랑하사 독생자를 주셨으니
이는 그를 믿는 자마다 멸망하지 않고 영생을 얻게 하려 하심이라
요 3:16

APR
04 30

나의 하나님이 그리스도 예수 안에서 영광 가운데
그 풍성한 대로 너희 모든 쓸 것을 채우시리라

빌 4:19

여호와는 나의 빛이요 나의 구원이시니
내가 누구를 두려워하리요 여호와는 내 생명의 능력이시니
내가 누구를 무서워하리요

시 27:1

MAY

05 01

예수께서 대답하여 이르시되 사람을 지으신 이가
본래 그들을 남자와 여자로 지으시고

마 19:4

MAY
-----
05 02

의인의 아비는 크게 즐거울 것이요
지혜로운 자식을 낳은 자는 그로 말미암아 즐거울 것이니라
잠 23:24

AUG 08 29

그의 영광의 힘을 따라 모든 능력으로 능하게 하시며
기쁨으로 모든 견딤과 오래 참음에 이르게 하시고

골 1:11

MAY
==========
05 03

두 사람이 한 사람보다 나음은 그들이 수고함으로
좋은 상을 얻을 것임이라

전 4:9

AUG 08 28

내게 능력 주시는 자 안에서
내가 모든 것을 할 수 있느니라

빌 4:13

MAY
05 04

이 모든 것 위에 사랑을 더하라
이는 온전하게 매는 띠니라

골 3:14

AUG
08 27

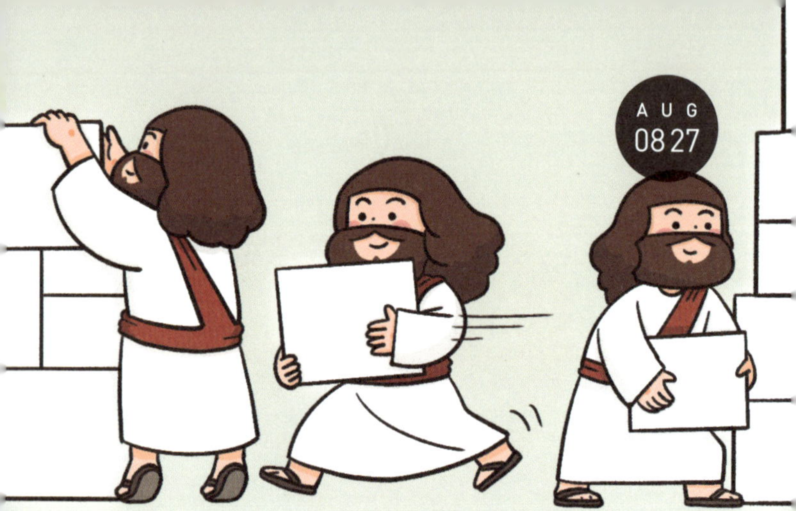

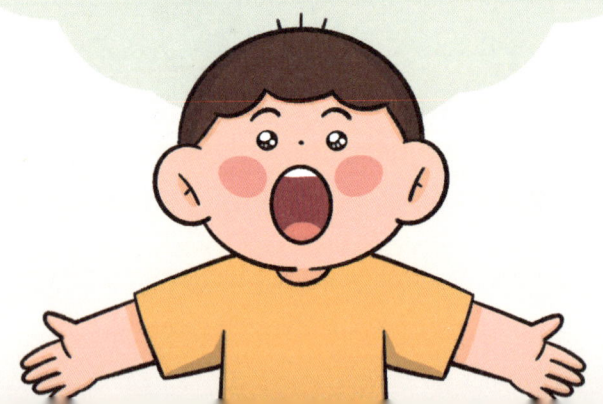

우리 가운데서 역사하시는 능력대로 우리가 구하거나
생각하는 모든 것에 더 넘치도록 능히 하실 이에게

엡 3:20

MAY
05 05

또 아비들아 너희 자녀를 노엽게 하지 말고
오직 주의 교훈과 훈계로 양육하라

엡 6:4

그의 영광의 풍성함을 따라 그의 성령으로 말미암아
너희 속사람을 능력으로 강건하게 하시오며

엡 3:16

AUG 08 25

독수리가 날개치며 올라감 같을 것이요
달음박질하여도 곤비하지 아니하겠고
걸어가도 피곤하지 아니하리로다
사 40:31

MAY
---
05 07

너희로 모든 일에 항상 모든 것이 넉넉하여
모든 착한 일을 넘치게 하게 하려 하심이라
고후 9:8

AUG 08 24

보혜사 곧 아버지께서 내 이름으로 보내실 성령
그가 너희에게 모든 것을 가르치고 내가 너희에게 말한
모든 것을 생각나게 하리라
요 14:26

MAY
05 08

자녀들아 주 안에서 너희 부모에게 순종하라
이것이 옳으니라 네 아버지와 어머니를 공경하라
이것은 약속이 있는 첫 계명이니

엡 6:1-2

나를 사랑하는 자는 내 아버지께 사랑을 받을 것이요
나도 그를 사랑하여 그에게 나를 나타내리라
요 14:21

MAY
---
05 09

너희는 내가 명하는 대로 행하면 곧 나의 친구라
요 15:14

하나님이여 위엄을 성소에서 나타내시나이다
이스라엘의 하나님은 그의 백성에서 힘과 능력을 주시나니
하나님을 찬송할지어다

시 68:35

MAY
05 10

여기 내 형제 중에 지극히 작은 자 하나에게 한 것이
곧 내게 한 것이니라 하시고

마 25:40

AUG 08 21

그러므로 의인은 그 길을 꾸준히 가고
손이 깨끗한 자는 점점 힘을 얻느니라

욥 17:9

MAY
--
05 11

너희가 아들이므로 하나님이 그 아들의 영을
우리 마음 가운데 보내사 아빠 아버지라 부르게 하셨느니라
갈 4:6

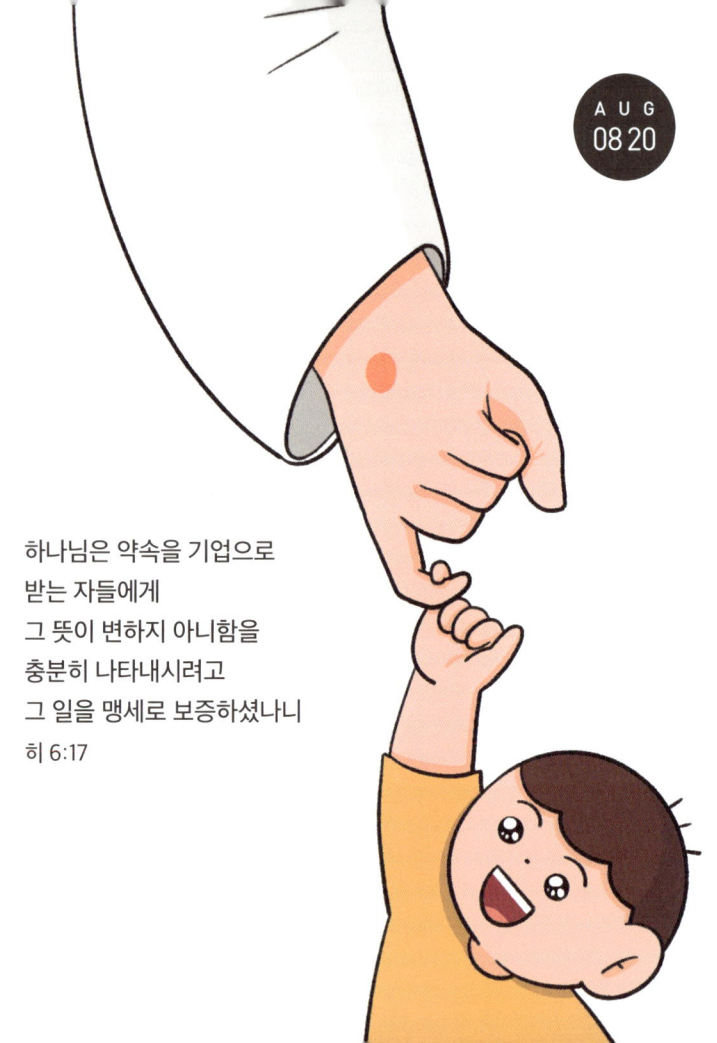

MAY
05 12

내가 그들에게 한 마음과 한 길을 주어
자기들과 자기 후손의 복을 위하여 항상 나를 경외하게 하고
렘 32:39

AUG 08 19

그런즉 믿음, 소망, 사랑,
이 세 가지는 항상 있을 것인데
그 중의 제일은 사랑이라

고전 13:13

MAY
05 13

누구든지 너희가 그리스도에게 속한 자라 하여
물 한 그릇이라도 주면 내가 진실로 너희에게 이르노니
그가 결코 상을 잃지 않으리라

막 9:41

오직 하나님이 성령으로 이것을 우리에게 보이셨으니
성령은 모든 것 곧 하나님의 깊은 것까지도 통달하시느니라

고전 2:10

MAY
05 14

누가 현숙한 여인을 찾아 얻겠느냐
그의 값은 진주보다 더 하니라

잠 31:10

AUG
08 17

베드로가 이르되 너희가 회개하여
각각 예수 그리스도의 이름으로 세례를 받고 죄 사함을 받으라
그리하면 성령의 선물을 받으리니

행 2:38

MAY
05 15

너희가 진리를 순종함으로 너희 영혼을 깨끗하게 하여
거짓이 없이 형제를 사랑하기에 이르렀으니
마음으로 뜨겁게 서로 사랑하라

벧전 1:22

AUG
0816

오직 성령이 너희에게 임하시면 너희가 권능을 받고
예루살렘과 온 유대와 사마리아와 땅 끝까지 이르러
내 증인이 되리라 하시니라

행 1:8

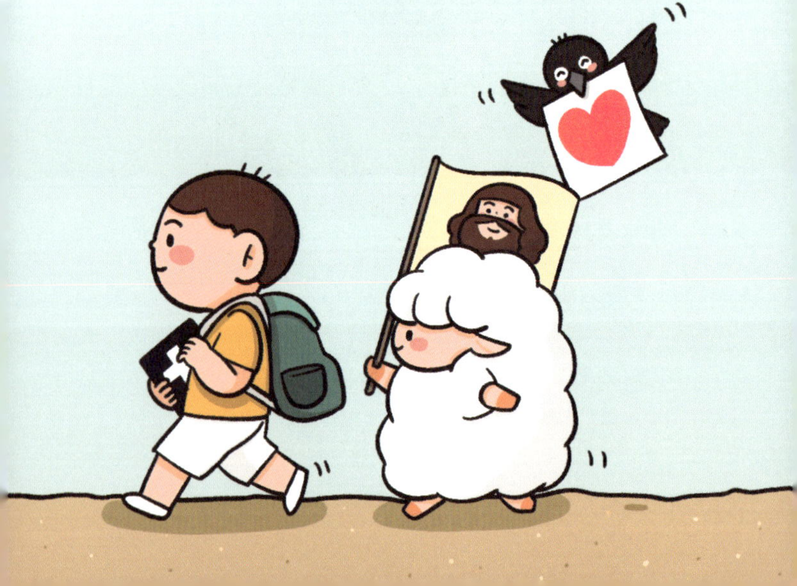

MAY
---
05 16

자기 앞에 영광스러운 교회로 세우사
티나 주름 잡힌 것이나 이런 것들이 없이
거룩하고 흠이 없게 하려 하심이라
엡 5:27

AUG 08 15

내가 떠나가지 아니하면 보혜사가
너희에게로 오시지 아니할 것이요
가면 내가 그를 너희에게로 보내리니
요 16:7

MAY
05 17

남편들아 이와 같이 지식을 따라 너희 아내와 동거하고
그를 더 연약한 그릇이요 또 생명의 은혜를
함께 이어받을 자로 알아 귀히 여기라

벧전 3:7

AUG
08 14

소망의 하나님이 모든 기쁨과 평강을
믿음 안에서 너희에게 충만하게 하사
성령의 능력으로 소망이 넘치게 하시기를 원하노라

롬 15:13

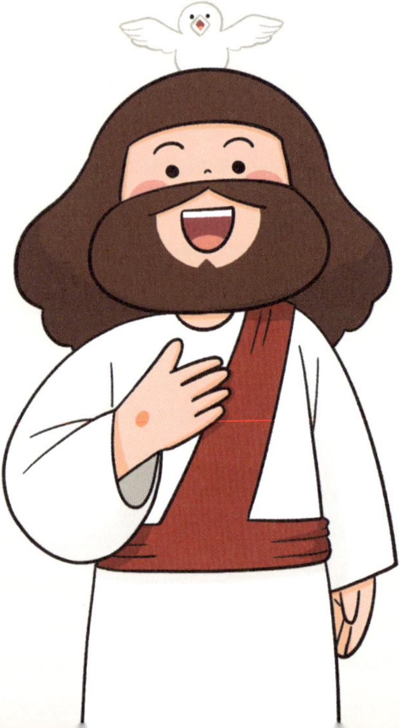

MAY
05 18

항상 아버지 하나님께 감사하며
그리스도를 경외함으로 피차 복종하라

엡 5:21

너희는 너희가 하나님의 성전인 것과
하나님의 성령이 너희 안에 계시는 것을 알지 못하느냐

고전 3:16

너희의 단장은 … 외모로 하지 말고
오직 마음에 숨은 사람을 온유하고 안정한 심령의
썩지 아니할 것으로 하라 이는 하나님 앞에 값진 것이니라
벧전 3:3-4

내가 아버지께 구하겠으니
그가 또 다른 보혜사를 너희에게 주사
영원토록 너희와 함께 있게 하리니
요 14:16

MAY
―――
05 20

내가 네게 명령하는 이 모든 말을 삼가 너는 듣고 지키라
… 너와 네 후손에게 영구히 복이 있으리라
신 12:28

AUG 08 11

마땅히 할 말을 성령이 곧 그 때에 너희에게 가르치시리라 하시니라

눅 12:12

MAY
---
05 21

그러므로 사람이 그 부모를 떠나서
아내에게 합하여 그 둘이 한 몸이 될지니라
마 19:5

너희가 악할지라도 좋은 것을 자식에게 줄 줄 알거든
하물며 너희 하늘 아버지께서 구하는 자에게
성령을 주시지 않겠느냐 하시니라

눅 11:13

MAY
05 22

마땅히 행할 길을 아이에게 가르치라
그리하면 늙어도 그것을 떠나지 아니하리라

잠 22:6

나는 너희로 회개하게 하기 위하여
물로 세례를 베풀거니와 …
그는 성령과 불로 너희에게 세례를 베푸실 것이요
마 3:11

MAY
05 23

여호와께서 너희를 곧 너희와 너희의 자손을
더욱 번창하게 하시기를 원하노라

시 115:14

너희 자녀들이 장래 일을 말할 것이며
너희 늙은이는 꿈을 꾸며 너희 젊은이는 이상을 볼 것이며

욜 2:28

MAY
05 24

내 아들아 여호와의 징계를 경히 여기지 말라
그 꾸지람을 싫어하지 말라
잠 3:11

하나님이 우리를 사랑하시는 사랑을
우리가 알고 믿었노니 하나님은 사랑이시라
사랑 안에 거하는 자는 하나님 안에 거하고
요일 4:16

AUG
08 07

MAY
05 25

여호와를 경외하는 자에게는 견고한 의뢰가 있나니
그 자녀들에게 피난처가 있으리라

잠 14:26

우리가 하나님을 사랑한 것이 아니요
하나님이 우리를 사랑하사 우리 죄를 속하기 위하여
화목제물로 그 아들을 보내셨음이라

요일 4:10

MAY
05 26

여호와 하나님이 이르시되
사람이 혼자 사는 것이 좋지 아니하니 내가 그를 위하여
돕는 배필을 지으리라 하시니라

창 2:18

AUG
08 05

사랑하는 자들아 우리가 서로 사랑하자
사랑은 하나님께 속한 것이니 사랑하는 자마다
하나님으로부터 나서 하나님을 알고

요일 4:7

너희는 여호와를 영원히 신뢰하라
주 여호와는 영원한 반석이심이로다
사 26:4

AUG
08 04

MAY
05 28

온 율법은 네 이웃 사랑하기를
네 자신 같이 하라 하신 한 말씀에서 이루어졌나니

갈 5:14

높음이나 깊음이나 다른 어떤 피조물이라도
우리를 우리 주 그리스도 예수 안에 있는
하나님의 사랑에서 끊을 수 없으리라

롬 8:39

MAY
05 29

긍휼히 여기는 자는 복이 있나니
그들이 긍휼히 여김을 받을 것임이요
마 5:7

AUG
08 02

나의 도움은 천지를 지으신 여호와에게서로다

시 121:2

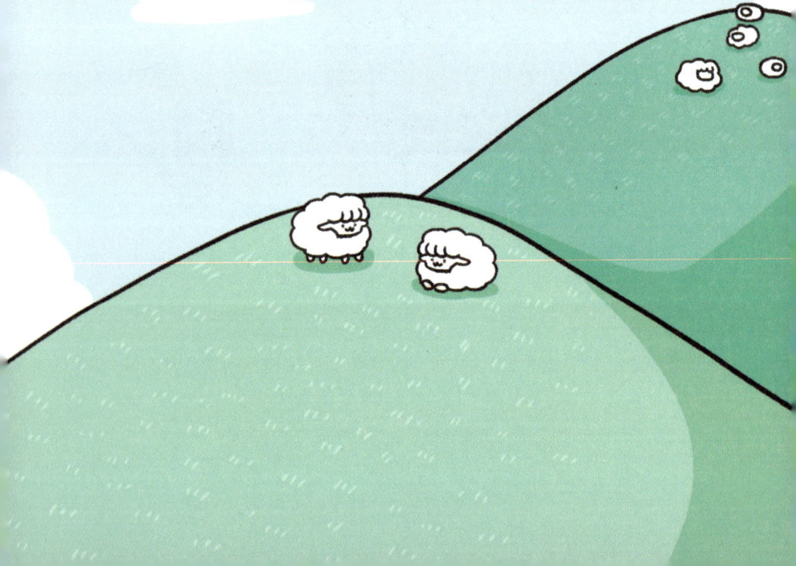

MAY
05 30

모든 겸손과 온유로 하고
오래 참음으로 사랑 가운데서 서로 용납하고
엡 4:2

나를 사랑하는 자들이 나의 사랑을 입으며
나를 간절히 찾는 자가 나를 만날 것이니라
잠 8:17

MAY

05 31

너희를 친구라 하였노니
내가 내 아버지께 들은 것을 다 너희에게 알게 하였음이라
요 15:15

무릇 하나님께로부터 난 자마다 세상을 이기느니라
세상을 이기는 승리는 이것이니 우리의 믿음이니라
요일 5:4

JUN
06 01

너는 그에게 기도하겠고 그는 들으실 것이며
너의 서원을 네가 갚으리라

욥 22:27

JUL
07 30

또 무리에게 이르시되 아무든지 나를 따라오려거든
자기를 부인하고 날마다 제 십자가를 지고 나를 따를 것이니라
눅 9:23

JUN
---
06 02

내가 사망의 음침한 골짜기로 다닐지라도
해를 두려워하지 않을 것은 주께서 나와 함께 하심이라
시 23:4

JUL
07 29

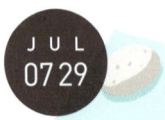

그러므로 믿음은 들음에서 나며
들음은 그리스도의 말씀으로 말미암았느니라

롬 10:17

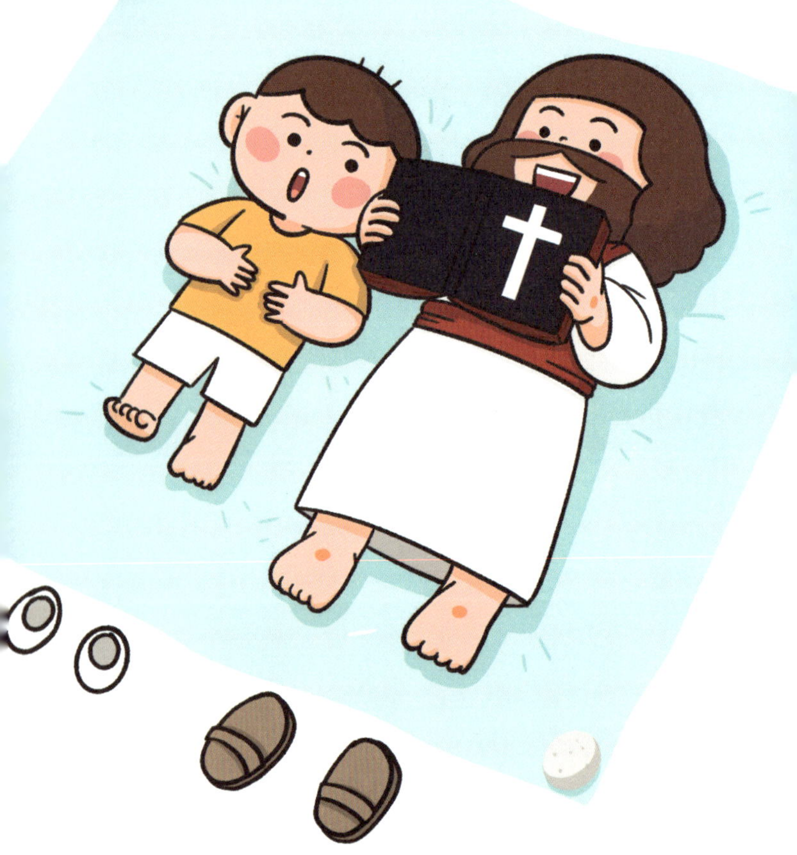

JUN
06 03

여호와의 눈은 의인을 향하시고
그의 귀는 그들의 부르짖음에 기울이시는도다

시 34:15

복음에는 하나님의 의가 나타나서
믿음으로 믿음에 이르게 하나니
기록된 바 오직 의인은 믿음으로 말미암아 살리라

롬 1:17

JUN
06 04

여호와 하나님은 해요 방패이시라
여호와께서 은혜와 영화를 주시며

시 84:11

JUL
07 27

이르되 주 예수를 믿으라
그리하면 너와 네 집이 구원을 받으리라 하고
행 16:31

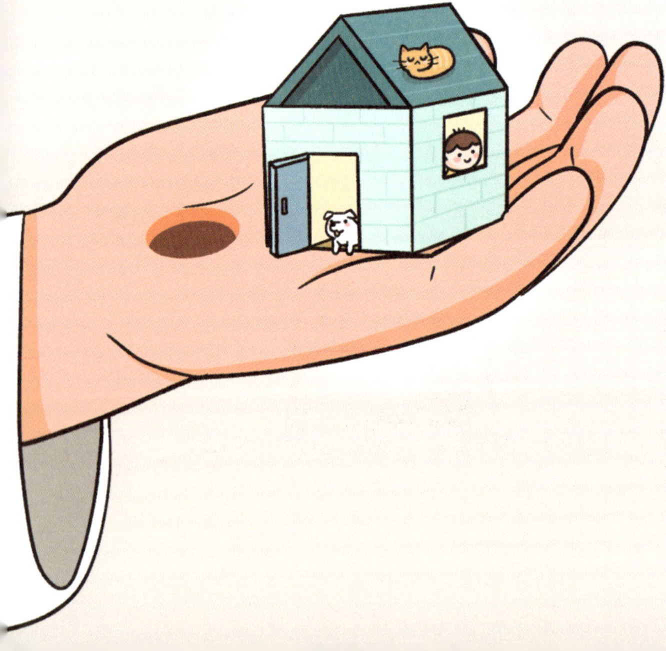

JUN
==
06 05

그는 흉한 소문을 두려워하지 아니함이여
여호와를 의뢰하고 그의 마음을 굳게 정하였도다
시 112:7

예수께서 이르시되 너는 나를 본 고로 믿느냐
보지 못하고 믿는 자들은 복되도다 하시니라
요 20:29

두려워하지 말라 내가 너와 함께 함이라
놀라지 말라 나는 네 하나님이 됨이라
내가 너를 굳세게 하리라

사 41:10

JUN
06 06

여호와를 의뢰하고 선을 행하라 땅에 머무는 동안
그의 성실을 먹을 거리로 삼을지어다

시 37:3

JUN
06 07

너희는 무엇을 먹을까 무엇을 마실까 하여
구하지 말며 근심하지도 말라 …
그의 나라를 구하라 그리하면 이런 것들을 너희에게 더하시리라
눅 12:29, 31

JUL 07 24

만일 너희가 믿음이 있고 의심하지 아니하면 …
이 산더러 들려 바다에 던져지라 하여도 될 것이요

마 21:21

JUN
06 08

여호와는 마음이 상한 자를 가까이 하시고
충심으로 통회하는 자를 구원하시는도다

시 34:18

JUL
07 23

만일 너희에게 믿음이 겨자씨 한 알 만큼만 있어도
이 산을 명하여 여기서 저기로 옮겨지라 하면 옮겨질 것이요

마 17:20

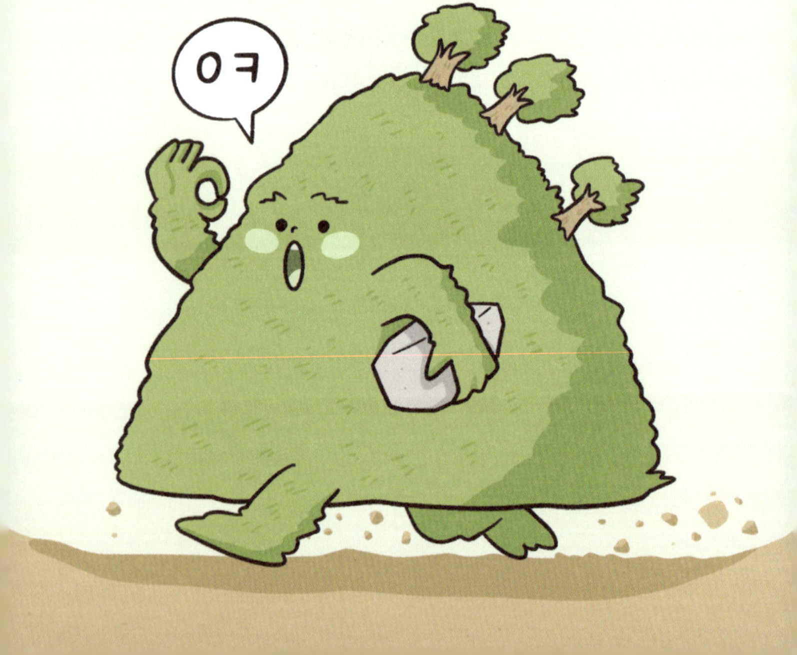

JUN
06 09

우리가 그 안에서 그를 믿음으로 말미암아
담대함과 확신을 가지고 하나님께 나아감을 얻느니라

엡 3:12

이 세상도, 그 정욕도 지나가되
오직 하나님의 뜻을 행하는 자는 영원히 거하느니라
요일 2:17

JUN
06 10

너희 하늘 아버지께서 이 모든 것이
너희에게 있어야 할 줄을 아시느니라
마 6:32

이 세상이나 세상에 있는 것들을 사랑하지 말라
누구든지 세상을 사랑하면 아버지의 사랑이 그 안에 있지 아니하니
요일 2:15

JUN
06 11

주의 약속은 …
너희를 대하여 오래 참으사
아무도 멸망하지 아니하고
다 회개하기에 이르기를
원하시느니라
벧후 3:9

JUL
07 20

하나님 아버지 앞에서 정결하고
더러움이 없는 경건은 곧 고아와 과부를
그 환난중에 돌보고 또 자기를 지켜
세속에 물들지 아니하는 그것이니라

약 1:27

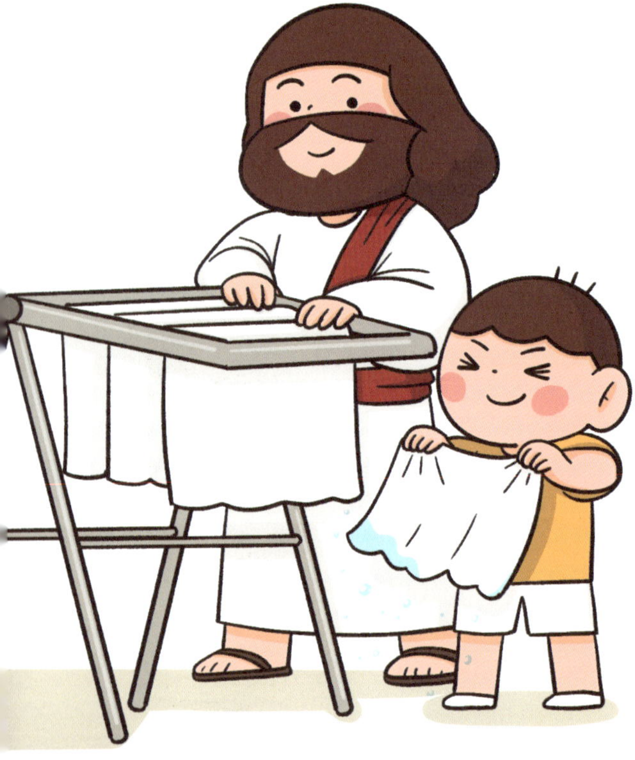

JUN
06 12

사랑 안에 두려움이 없고 온전한 사랑이 두려움을 내쫓나니
두려움에는 형벌이 있음이라

요일 4:18

JUL
07 19

또 무엇을 하든지 말에나 일에나
다 주 예수의 이름으로 하고 그를 힘입어
하나님 아버지께 감사하라

골 3:17

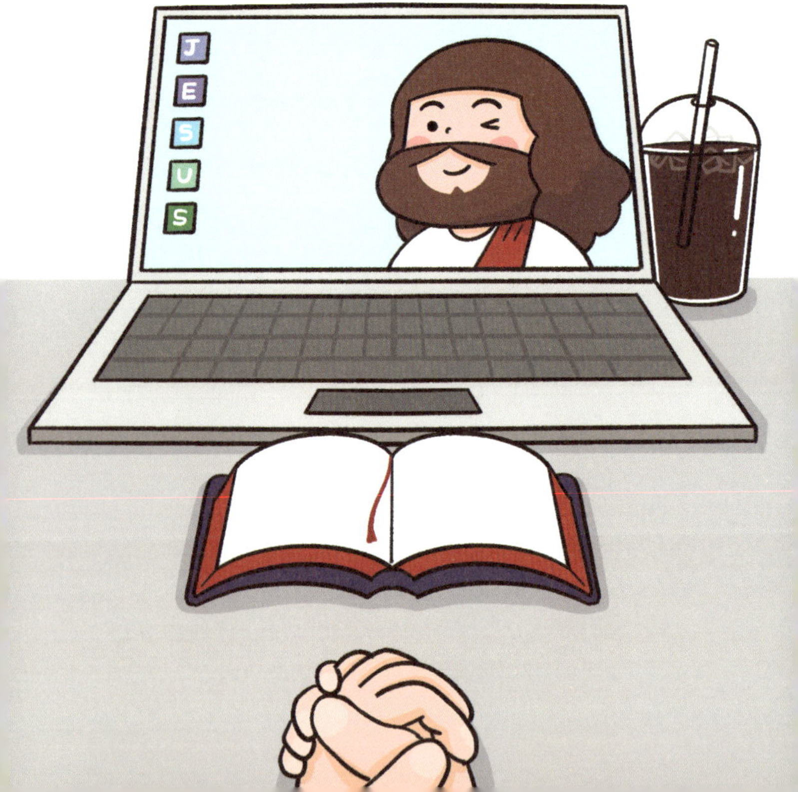

JUN
06 13

의인의 적은 소유가 악인의 풍부함보다 낫도다
시 37:16

JUL
07 18

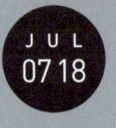

위의 것을 생각하고 땅의 것을 생각하지 말라

골 3:2

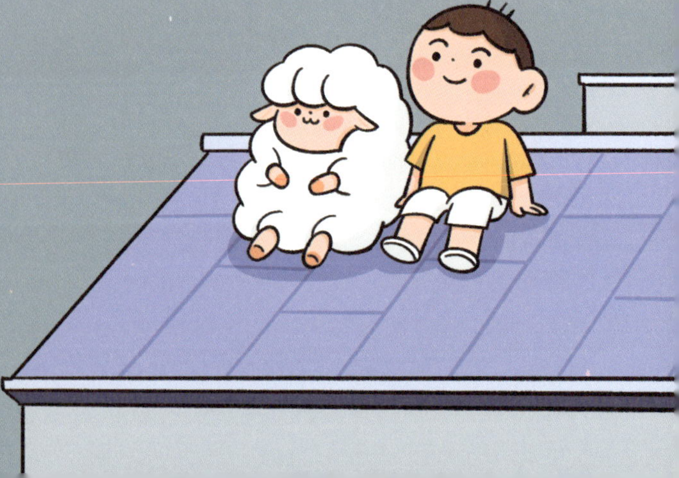

JUN
06 14

하나님이 우리에게 주신 것은 두려워하는 마음이 아니요
오직 능력과 사랑과 절제하는 마음이니

딤후 1:7

또한 모든 것을 해로 여김은
내 주 그리스도 예수를 아는 지식이
가장 고상하기 때문이라

빌 3:8

JUN
06 15

너희가 악한 자라도 좋은 것으로 자식에게 줄 줄 알거든
하물며 하늘에 계신 너희 아버지께서 구하는 자에게
좋은 것으로 주시지 않겠느냐

마 7:11

JUL 07 16

생명의 말씀을 밝혀 나의 달음질이 헛되지 아니하고
수고도 헛되지 아니함으로 그리스도의 날에
내가 자랑할 것이 있게 하려 함이라

빌 2:16

JUN
06 16

까마귀를 생각하라 심지도 아니하고 거두지도 아니하며
골방도 없고 창고도 없으되 하나님이 기르시나니
너희는 새보다 얼마나 더 귀하냐

눅 12:24

JUL 07 15

이는 너희가 흠이 없고 순전하여 어그러지고
거스르는 세대 가운데서 하나님의 흠 없는 자녀로
세상에서 그들 가운데 빛들로 나타내며

빌 2:15

JUN
06 17

이 말씀은 나의 고난 중의 위로라
주의 말씀이 나를 살리셨기 때문이니이다
시 119:50

JUL
07 14

고기도 먹지 아니하고 포도주도 마시지 아니하고
무엇이든지 네 형제로 거리끼게 하는 일을
아니함이 아름다우니라

롬 14:21

JUN
06 18

오늘 있다가 내일 아궁이에 던져지는 들풀도
하나님이 이렇게 입히시거든
하물며 너희일까보냐
믿음이 작은 자들아

눅 12:28

그러므로 우리가 화평의 일과
서로 덕을 세우는 일을 힘쓰나니

롬 14:19

JUN
06 19

보라 하나님은 나의 구원이시라
내가 신뢰하고 두려움이 없으리니 주 여호와는 나의 힘이시며
나의 노래시며 나의 구원이심이라
사 12:2

JUL
07 12

근신하라 깨어라 너희 대적 마귀가
우는 사자 같이 두루 다니며 삼킬 자를 찾나니

벧전 5:8

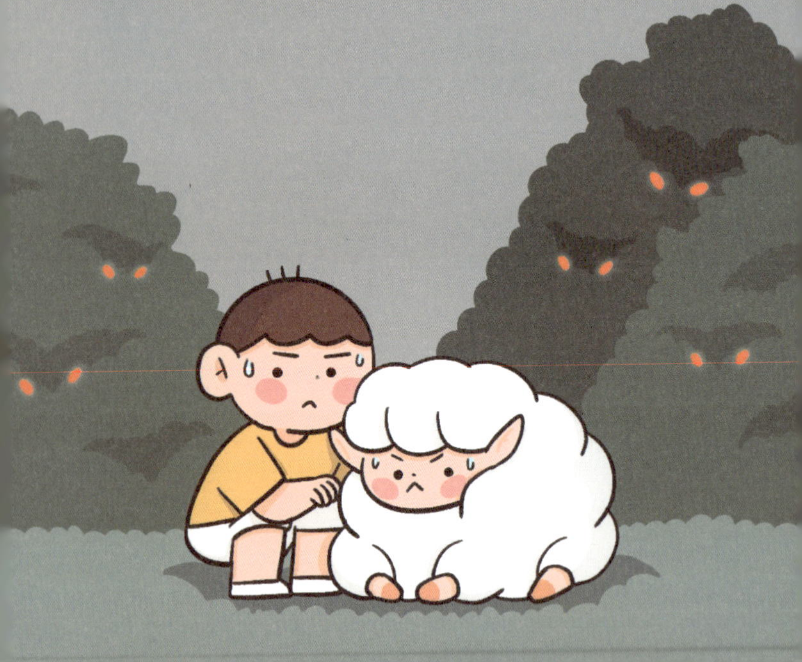

JUN
06 20

돈을 사랑하지 말고 있는 바를 족한 줄로 알라
그가 친히 말씀하시기를 내가 결코 너희를 버리지 아니하고
너희를 떠나지 아니하리라 하셨느니라

히 13:5

우리는 낮에 속하였으니 정신을 차리고
믿음과 사랑의 호심경을 붙이고 구원의 소망의 투구를 쓰자

살전 5:8

JUN
06 21

하나님의 약속은 얼마든지 그리스도 안에서 예가 되니
그런즉 그로 말미암아 우리가 아멘 하여
하나님께 영광을 돌리게 되느니라

고후 1:20

오직 성령의 열매는
사랑과 희락과 화평과 오래 참음과
자비와 양선과 충성과 온유와 절제니
갈 5:22-23

JUN
06 22

그가 내 길을 살피지 아니하시느냐
내 걸음을 다 세지 아니하시느냐

욥 31:4

오직 너희의 심령이 새롭게 되어
하나님을 따라 의와 진리의 거룩함으로 지으심을 받은
새 사람을 입으라

엡 4:23-24

JUN
06 23

상심한 자들을 고치시며
그들의 상처를 싸매시는도다
시 147:3

내가 그리스도와 함께 십자가에 못 박혔나니
그런즉 이제는 내가 사는 것이 아니요
오직 내 안에 그리스도께서 사시는 것이라
갈 2:20

JUN
06 24

너희를 위로하는 자는 나 곧 나이니라
너는 어떠한 자이기에 죽을 사람을 두려워하며
풀 같이 될 사람의 아들을 두려워하느냐

사 51:12

JUL
07 07

너희 몸을 하나님이 기뻐하시는
거룩한 산 제물로 드리라
이는 너희가 드릴 영적 예배니라

롬 12:1

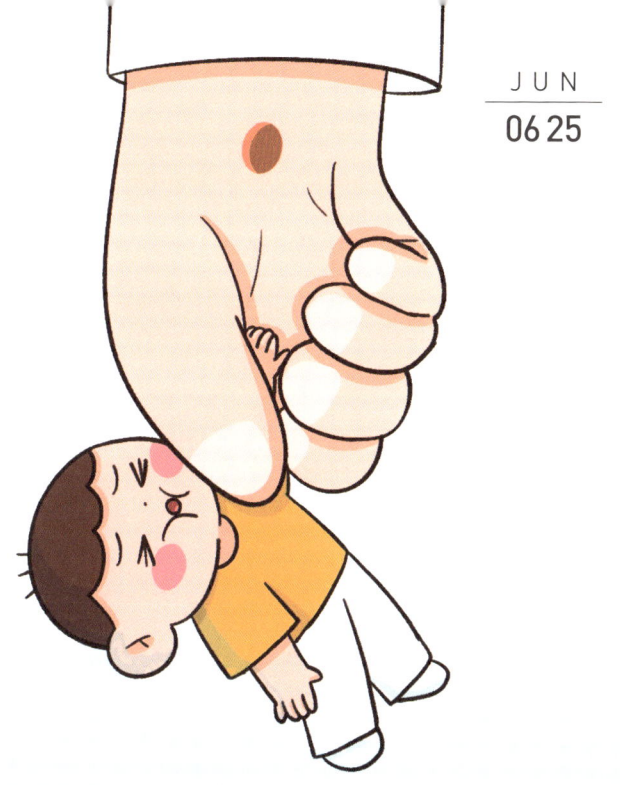

JUN
06 25

여호와여 주의 이름을 아는 자는 주를 의지하오리니
이는 주를 찾는 자들을 버리지 아니하심이니이다
시 9:10

너희는 말씀을 행하는 자가 되고
듣기만 하여 자신을 속이는 자가 되지 말라
약 1:22

JUN
06 26

여호와는 그들의 힘이시요
그의 기름 부음 받은 자의 구원의 요새이시로다

시 28:8

너희가 나를 사랑하면 나의 계명을 지키리라

요 14:15

JUN
06 27

너희에게는 심지어 머리털까지도 다 세신 바 되었나니
두려워하지 말라 너희는 많은 참새보다 더 귀하니라
눅 12:7

모든 것 위에 믿음의 방패를 가지고
이로써 능히 악한 자의 모든 불화살을 소멸하고
엡 6:16

JUN
06 28

하나님이 이르시되 그가 나를 사랑한즉 내가 그를 건지리라
그가 내 이름을 안즉 내가 그를 높이리라

시 91:14

나의 하나님이여 내가 주의 뜻 행하기를 즐기오니
주의 법이 나의 심중에 있나이다 하였나이다

시 40:8

JUN
06 29

이는 나 여호와 너의 하나님이
네 오른손을 붙들고 네게 이르기를 두려워하지 말라
내가 너를 도우리라 할 것임이니라

사 41:13

JUL
07 02

예수께서 이르시되 할 수 있거든이 무슨 말이냐
믿는 자에게는 능히 하지 못할 일이 없느니라 하시니

막 9:23

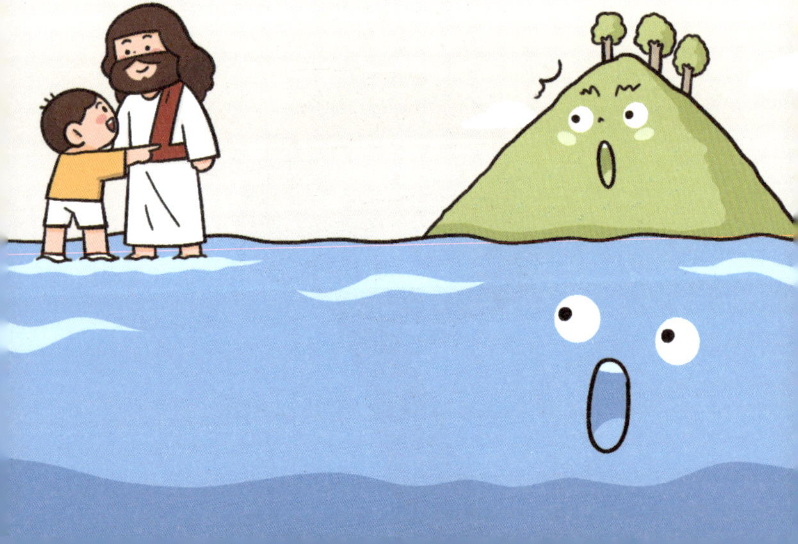

JUN
06 30

이 일을 누가 행하였느냐 누가 이루었느냐
누가 처음부터 만대를 불러내었느냐 나 여호와라
사 41:4

네 길을 여호와께 맡기라
그를 의지하면 그가 이루시고
시 37:5

JUL 07 01